国际商贸函电的写作与翻译

汉 英 日

田建国 田建华 编著

華東理工大學出版社
EAST CHINA UNIVERSITY OF SCIENCE AND TECHNOLOGY PRESS
·上海·

图书在版编目(CIP)数据

国际商贸函电的写作与翻译：汉、英、日 / 田建国，田建华编著. — 上海：华东理工大学出版社，2021.11
ISBN 978-7-5628-6377-9

Ⅰ. ①国… Ⅱ. ①田… ②田… Ⅲ. ①国际商务－英语－电报信函－写作②国际商务－日语－电报信函－写作 Ⅳ. ①F740

中国版本图书馆CIP数据核字(2021)第211086号

策划编辑 / 王一佼
责任编辑 / 刘　溱
装帧设计 / 徐　蓉
出版发行 / 华东理工大学出版社有限公司
地址：上海市梅陇路130号，200237
电话：021-64250306
网址：www.ecustpress.cn
邮箱：zongbianban@ecustpress.cn
印　　刷 / 常熟市新骅印刷有限公司
开　　本 / 710mm × 1000mm　1/16
印　　张 / 13
字　　数 / 228千字
版　　次 / 2021年11月第1版
印　　次 / 2021年11月第1次
定　　价 / 48.00元

前　　言

《国际商贸函电的写作与翻译(汉英日)》一书由上编“国际商贸函电概论”和下编“国际商贸函电实例”构成。上编共五章,分别是“函电的定义、特点、功能和种类”“函电的格式”“函电正文的写作要领”“函电的跨语种转换(翻译)”和“正文相关构件实际句例”；下编共四章,分别是“交际与礼仪”“合同生效前”“合同生效后”和“索赔”。各章节之间有机结合,全书自成体系。

一、本书的理论框架

贯穿全书的理论框架主要源于编著者长期从事国际商贸实践的经验积累,来自编著者对国际商贸相关知识的总结与升华。

编著者对国际商贸函电有自己的见解,提出了三个基本理论,其中之一是“三板块结构理论 ”,即函电是一个结构体,由开头板块、正文板块和结尾板块构成。日本学者、函电研究家东乡实主张函电由开头、正文、结尾、附件四部分构成[①]。编著者在本书中首先提出“板块”概念以替代传统的“部分”概念,认为与“部分”相比,“板块”更加强调板块自身结构的严谨密实,强调各个板块与所在结构体中其他板块之间的联系和结合。

编著者认为,函电是一个结构体,每个板块都是这个结构体内必要的结构部件,缺一不可,必要结构部件的缺失必将导致函电结构的不完整。编著者将此视为函电结构所遵循的一条规则。如果把附件视为一个独立的板块,那么,在没有附件的函电里“附件板块”是缺失的,这样的函电自然也就不完整了。这就不符合板块是结构体内必要部件这条规则了。如

① 東郷実．ビジネス文書文例辞典（ビジネス文書の書式構成）[M]．東京：梧桐書院 ,1991:34.

果我们做一让步，主张板块可以缺失，则其他板块也应同样具有可以缺失的性质。若如此，该如何对板块下统一的定义，又该如何回应正文板块为什么不可以缺失的质疑呢？对此，编著者把“附件部分”中的各项内容视为不同的构件，纳入结尾板块，即使函电没有附件，也会因为结尾板块其他构件的存在而保持结构的完整性。

编著者在本书中提出的基本理论之二是“构件理论”，即函电是一个结构体，由开头板块、正文板块和结尾板块构成，各板块由一个或多个构件按照一定的规律排列构成。每个构件包括内容、书写形状、使用与否、在结构体中的相对位置以及标点符号的使用方式等要素。

从结构形式的意义上讲，一方面，这些要素相对稳定的组合形式形成了函电的格式，而构件的性质及构件之间的关系导致了函电结构的相对性。另一方面，这些要素因语言的不同而不同。也就是说，语言的不同直接导致了不同语种的函电构件的相应要素的不同。因此，用不同语言改变构件的书写形状、使用与否、相对位置以及标点符号的使用方式，就能获得不同语种函电的不同格式。这就在实质上为函电的跨语种转换（翻译）提供了基础和可能。

上述两个理论相结合，构成“函电的板块及构件结构理论”。

这是一种全新的完全基于实践的理论总结，它避免了基于文化差异、语言差异、地域差异、阅读习惯差异等对函电的理论进行叙述之后，读者仍不一定能或不完全能掌握函电翻译技能的尴尬。从这个意义上说，“函电的板块及构件结构理论”是一项具有创新意义和实用意义的应用型理论，它使函电的跨语种转换变得直观而易教易学。

编著者以这一理论为指导编写本书，在这个理论框架下讲解函电的结构及翻译，本质上就是对这个理论的实际应用，是一次颇有意义的、注重实际操作的、理论结合实际的实践。编著者期待本书的使用效果成为对这个理论的实际检验。

编著者提出的基本理论之三是，国际商贸函电的写作是针对交易过程中某一具体事项而为的，而大部分函电的目的、对象、主题、内容、阅读者、宏观与微观语境等都是特定的，指向性非常明确。这使函电自身具有独特的写作规律。因此，在写作函电时，人们可以参考一般文章的“起承转合”等写作原则和方法，但完全不必（有时是不能）也不应机械照搬，更不能为追求文章结构等的所谓“完美”“完整”而使函电冗长啰唆、主题不明。

反过来说，正因为函电有着明确而特定的实际语境和具体所指事项，所以，有时即使函电正文完全抛弃一般文章的传统写作方法所强调的“起承转合”四者俱全的做法，也能达到沟通目的，完成沟通使命。由此，编著者对函电写作原则的讲解和对范文的讲评得以摆脱传统写作理论的桎梏，打开了面向实践、面向应用型技能的大门。

当然，没有展开论述其他理论，并不表示编著者不重视其他理论。恰恰相反，编著者在编写本书之前，认真地学习并总结了与地缘差异、文化差异、语言差异、阅读习惯差异等相关的文化、语言及心理学等方面的理论，研究了国内外现有的若干函电专著、教材及教学方法，并与“函电的板块及构件结构理论”做了比较。我们的结论是，在编写关于函电写作和翻译的教材时，“函电的板块及构件结构理论”更加符合培养实用型、技能型、应用型人才的要求，更加符合函电写作与翻译的实际需求，更加有利于达成培养国际商贸实务人才的目的。

本书不但基本沿用了传统的构件名称，而且没有改变传统理论框架所确定的构件内容，更没有改变构件自身的书写形状和在各语种函电结构体中的相对位置。这种做法也是对传统理论和函电自身规则的尊重。

从某种意义上说，没有其他的相关理论就不会有本书的“函电的板块及构件结构理论”。

二、本书的使用

本书可以作为大专院校的教科书和培训教材使用。

学习本书的基本要求是，扎实学习上编第一章到第五章，全部或部分精读下编第一章到第四章。

在基本教学的基础上设置实训课时，应体现创新精神，以培养应用型、实用型、技能型人才的需求为依据，不囿于传统的课堂教学方法和教学模式，根据实际教学目标、教学内容、学生情况和函电客观规律，贯彻尽量接近实战的原则，在课堂上模拟实战场景，向学生传递实战感受，培养学生理解、思考与分析实战的能力，动脑又动手，让学生掌握写作和翻译函电的实战技能。

编著者给出的教学基本设计参考如下。

第一，关于教学方法，建议采用下述双向情景教学法。

1. 正向情景教学法

第一步：教师给出国际商贸实务中的具体场景和重要细节。

第二步：学生用中文、英文或日文起草适用于该场景的函电。

第三步：分组讨论每个学生的函电，选出本组最好的一份，在小组内进行集体修改和完善，并提交全班讨论。

第四步：全班讨论各小组提交的函电，选出最好的一份，进行集体修改，形成班级成果。

第五步：全体学生将班级成果按教师的要求翻译成一种或两种其他语言，作为课堂作业（或课外作业）提交。

2. 逆向情景教学法

第一步：教师准备一篇中文、英文或日文的函电范文，讲解其文本，通过与学生的互动让学生充分理解范文。

第二步：学生复原出国际商贸实务中相应的具体场景和重要细节。

第三步：分组讨论每个学生对场景和细节的描述文本，选出最佳文本，由小组成员修改完善并提交。

第四步：全班讨论各小组提交的文本，选出最佳文本，集体修改完善，形成班级成果。

第五步：全体学生按教师的要求将范文翻译成一种或两种其他语言，作为课堂作业（或课外作业）提交。

在整个过程中，师生应始终处于互动状态，教师根据需要适时给予提示或指导，教授写作和翻译的技能，分析并点评作业的优劣。分析讲解的深度可根据学生的水平和教学要求做相应的调整。

鉴于编著者预设了这样的课堂安排，本书没有按照传统教材的编写方式设置练习章节，也没有给出习题。

第二，关于课时安排，建议如下。

本书的教学时间为一个学期，共16周到18周，每周1个学时（2个课时）。全学期学时可安排为：上编的第一章1学时，第二章2学时，第三章1学时，第四章1学时，第五章1学时；下编的第一章2学时，第二章2学时，第三章2学时，第四章2学时；总复习1学时，考查1学时。课外时间主要培养学生的自主学习能力，可以灵活安排一些预习、复习、实训等。由于学时数有限，可根据学生的实际情况和教学要求有选择地教授书中的范文，能够达到平均每周2篇范文的程度即可，不必教完全部范文，但应要求学生认真仔细地通读全书。

第三，关于教学效果的考核方法，建议如下。

教学效果的考核可以采用考试或其他考查方式。在设计试卷时，应以实用技能为核心，根据教学要求出题，可以包括词汇、语句、情景作文、情景复原、函电写作、函电翻译等方面的内容，主观题、客观题均应有。试卷打分应以鼓励进步为导向，建立进步分和卷面水平分各占成绩50%的评分原则，以提高学生对函电的兴趣和课后甚至就职后继续学习的积极性。

以上只是编著者建议的一种课程设计，难免挂一漏万，教师可根据自己的考量和安排使用本书。

三、本书的实用性特点

本书在实用性方面有以下特点。

第一，重视应用型技能的学习和培养。本书从编写背景、指导思想、基本理论框架、教学方法的建议到范文内容、讲解体例，都突出了让读者掌握实用技能的原则。

第二，多语种，即通过多语种对比法，同时讲解中、英、日三个语种的国际商贸函电。之所以重视对英语函电的讲解，是因为在国际贸易习惯和我国的对外贸易实务中，英语均为正式通用语言。

编著者曾有长达三四十年的对日经贸实务经历，但是在实际的业务过程中，除了日常的口头联络会使用日语外，不曾用日文写过正式的业务文件或函电。虽然这与交易对象是日本国际化程度较高的大企业，交易本身又属重大项目不无关系，但这样的现实说明了英语在国际商贸中的重要地位，并成为我们重视英语函电的重要原因。本书的宗旨既然是面向实践，就必须接受这样的事实，努力让读者在了解和掌握日语函电的写作和翻译技能的同时，也能了解并适当掌握英语函电写作与翻译的基本技能。

第三，可以跨专业使用。本书的内容是中、英、日三种语言的国际商贸函电，可以用作日中—中日、英中—中英、日英—英日双语教材，也可以用作中英日多语种教材，既可以满足日语、英语、国际贸易、国际商务等专业的读者学习了解国际商贸函电的需求，也可以满足经济、外交、国际关系等专业对国际商贸函电教学的需求，还可以满足各类学校开设的国际商贸函电课程的需求。语言需求和专业需求的不同会导致教学的出发点、着重点和主要目标的不同，但本书作为教材，基本可以满足这些不同的需求。

第四，可以跨年级、跨水平使用。作为教材，同时发挥教师和学生的积极性是本书编写的立足点之一。本书适用于不同年级的学生，教师可以根据学生水平和学习要求的不同，合理安排讲授的内容和进度。

如果教师是具有国际贸易实务经验的双师型人才，能够在国际商贸的专业性方面进行深入的讲解，本书庶几还可用作翻译实务、国际商贸实务与翻译、商务翻译等 MTI 课程的教材或参考书。这也是编著者在书中"关注"栏目中只做提示而未展开讲解的原因之一。编著者相信，这会给教师提供较大的发挥空间，通过加强专业学习和备课，做出适应学生需求的调整，从而为不同年级或不同水平的学生讲授国际商贸函电的写作与翻译。这也是一个教学相长的过程。

第五，内容具有相当程度的通用性。本书不仅选编了满足一般的教学和培训需求的函电范文，在下编各章中，编著者还对范文所涉及的国际商务、国际贸易的知识点进行了适当的讲解。这使得本书具备了一定的工具书性质，可以作为国际商贸实务从业人员的参考书，供其在工作中查阅。

以上简述了本书的章节结构、理论框架、使用方法和特点等，还提到了编写背景、编写目的、指导思想等内容。本书的实际使用效果还需要广大读者的检验和反馈，以便编著者进一步修改本书内容，提高本书质量。

最后，编著者要感谢所有参与编写工作的团队成员，感谢所有支持本书编写、出版的单位和人士，感谢不弃使用本书的读者。

目　录

上编　国际商贸函电概论

下编　国际商贸函电实例

上编　国际商贸函电概论

第一章
函电的定义、特点、功能和种类

商贸活动，尤其是国际商贸活动的沟通方式主要有两种。一种是依靠听说的口头形式的沟通，包括面对面的交流活动，如会议、谈判等，还包括利用各种通信手段的远程视频或语音沟通。另一种是依靠读写的书面沟通，包括合同、单证、图表、函电等。本书所涉及的对象，仅限于书面沟通中的函电。

函电是存在于国际商贸活动全过程、各环节中的以文字为载体的书面沟通形式。函电有纸质文件和电子文档两种介质，有信件、电报、电传、传真、电子邮件（简称“电邮”）等具体形式。函电最重要的特征是在沟通过程中和沟通完成后能够留下书面记录。

函电具有以下特点。

1. 传递迅速，即时高效

借助当代信息技术和通信设备，文字信息的传递已经变得非常便捷。这使函电的传递具有了即时性，可以在完成函电的同时将函电发送给特定的人或人群，即时完成沟通行为。

正因为如此，函电在商贸活动中成为一种效率极高的文字沟通形式，大大缩短了解决问题的时间，提高了效率。

现在，只要交易各方同意并约定，交易各方还能使用电子通信手段完成签约、确认等正式程序，从而提高整个商贸活动的效率，降低交易成本。

2. 便于复制，易于转发

纸质函电在发送给相关各方后，各方都会留下同样的实体书面文件。

纸质函电原件可以通过面交或邮寄等方式传递。原件可以避免被复制或伪造等，而且数量有限，即使转发也存在速度慢、范围小等限制，因而最易被采信，也最具说服力。原件可以作为各种证明或证据使用，甚至可以作为法律诉讼的直接证据。

纸质函电原件经过扫描、复印、拍照等复制过程后，再通过面交、邮寄或传真、电邮、微信等方式传递的实体形式就是复制件。复制件是复制原件后得到的非真迹版本，复制件还可以被复制，且没有次数的限制，每次复制时也没有数量的限制。因此，复制件具有可以广泛分发、扩大影响的长处。不过一旦分发范围失控，便有可能带来负面影响，因此发送者通常会规定复制件的发送范围。复制件更多地用于转发函电（或文件），或作为其他函电原件的附件等来使用。

在一般情况下，复制件可以满足沟通的需求。由于复制件存在伪造的可能性，所以它虽然也可作为各种证明、证据使用，但可信度不如原件。在商贸活动中，如果用复制件沟通重要事项，发件方一般会告知对方其所发文件为复制件。

函电如果直接以电邮（E-mail）、微信（WeChat）、飞簿（Facebook，一译“脸书”）、推特（Twitter）等媒介起草和传递，就是电子文档。电邮、微信、飞簿、推特方便转发，可以将电子文档迅速地发送给相关人员，达到沟通目的。

但电邮、微信、飞簿、推特都是利用网络平台的通信手段，留下的电子文档不但没有签名、盖章，而且极易被篡改。即使是原件电子文档，作为证明、证据使用时，其可信度也低于复制件。除非进行技术处理，否则在目前，这类原件电子文档作为法庭证据的采信度较低。电子文档的法律地位尚有待于法律界的研究、确认。不过，相信以后会有更加完善的通信工具（如带有不可模仿的签字功能），提高电子文档的可信度。

不论上述哪种形式，都会留下文字记录，可以把收到的函电转发给其他相关人员。传真、电邮、微信、飞簿、推特等通信手段发达、便捷，文档复制不受次数和数量限制，转发也没有时间、范围的限制，有利于函电的传播。不过，这些通信手段不便于监督，泄密的可能性极大。因此，在商贸活动中，通过这些通信手段收发函电时，必须加以控制，严格区分函电的保密等级（密级）。如有必要，可在函电的醒目位置标记密级以及收件人的范围、级别等。同时，必须对员工进行保密等方面的纪律教育和培训。

3. 便于阅读，可供研判

口头信息转瞬即逝，难以记录原文全部细节，甚至核心内容都容易被接收人误听、误记、误解，在多次传递的过程中失真，给事后研判造成困难。书面函电不同于口头信息。函电的书面性决定了函电的全部原文可以长期保存，供接收人或其他人反复阅读，深入研究。

4. 便于流转，方便批注

函电属于书面文件的一种，可以作为公文或公文附件在企业内外部流转、传阅，收件人及相关人员可以直接在函电上画线、做批注。函电的内容不会失真走样，所有接触到函电的人能够在同一信息基础上进行沟通，统一思想，统一步调，从而提高执行的准确性和效率，收到理想的效果。这是口头沟通无法做到的。

5. 便于记忆，利于存储

函电可以供人反复阅读，有利于人们记住其内容，具有便于记忆的特点；还可以长期存放，具有便于保存的特点。电子文档则在储存方面更为便利。纸质函电也可以通过扫描、拍照等手段转化为电子文档储存。

6. 便于立卷，利于归档

商贸公司根据实际需要和自身的相关规章制度乃至法律法规，一般都会按照一定的规则对业务活动过程中产生的书面文件（函电、合同、单证以及各种联系单、沟通记录等）进行立卷和归档管理。纸质函电非常有利于这种分类、立卷和归档管理工作，电子文档的操作则更加简便。

7. 便于查找，利于检索

不论是纸质函电还是电子文档函电，只要立卷规范，建好卷内目录，查找起来都十分方便。

借助各种电脑软件的强大功能，电子文档函电不但可以立卷、归档，形成电子档案，还可以根据不同的要求和目的，建立各种数据库、案例库、语料库等，方便检索。通过这种方式，可以挖掘出函电的潜在价值。这种潜在的价值，有时甚至远超函电在实际商贸过程中所表现出的价值。

8. 便于追溯，可作证据

口头沟通固然便捷，但沟通内容难以保存，事后难以追溯，即便有录音，也难以成为关键的证明和法庭上的证据。函电则不同，尤其是以纸质形式保留的函电原件，不但可以追溯，关键时刻还可以作为法庭上的有力证据。这也是保留文字记录的最重要的目的之一。

鉴于以上各点，商贸活动中较为复杂和重要的事项，一般都以函电形式进行沟通，即使已经通过口头或者电子文档函电达成共识，最终也会用签字、盖章均为真迹的纸质函电原件加以确认。

函电的功能在于沟通，在于帮助相关各方完成沟通行为，达到沟通目的。

沟通目的的多样性决定了函电内容的多样性和丰富性。函电内容包罗万象，只要发件人认为有必要，任何事情都可以通过函电进行沟通。因此，函电这种沟通形式存在于商贸活动的所有环节之中，覆盖了商贸活动的全过程。

函电沟通的具体指向性和语境特定性，决定了每份函电的内容可以简洁、单一，甚至可以不符合文章“起承转合”的写作原则。这样做不但不会影响函电发挥其功能和作用，反而会使沟通更加高效。

根据国际商贸活动的内容和阶段的不同，函电可以分成不同的种类。

比如，商贸合同涉及的合同标的范围很广，包括货物（材料、设备、食品等）、服务、劳务、工程（土建、安装、装修等）、技术、知识产权（专利和专有技术、著作权等）、特许经营、合资或独资企业等；商贸合同涉及的环节也很多，包括公关、调研、询盘、报盘、还盘（及反还盘）、承诺、担保、签约、生效、开证、支付、监造、交货、保险、运输、储存、检验、接货、验收、索赔等各个环节。

从实务角度着眼，为方便讲解，本书以一般货物买卖交易为预设情景，以现行国际贸易实务流程和法规惯例为依据，以合同的生效为界，把国际商贸函电分为合同生效前和合同生效后两类。此外，本书还把涉及国际商贸全过程的交际与礼仪函电单独归类，作为第一类。鉴于索赔在国际贸易中的特殊性和复杂性，本书将索赔函电从合同生效后的函电中分出来单独归类，作为第四类。这样，本书将覆盖国际贸易全过程、包含国际贸易各种类的函电分为交际与礼仪、合同生效前、合同生效后和索赔四个大类。

第二章　函电的格式

根据函电的性质可知，不论函电要达到什么目的，也不论函电的种类和内容如何，每份函电都必须以文字为载体。那么，函电必然有其可通过视觉感知的、外在的表述形式。函电的这种可通过视觉感知的、外在的文字表述形式就是函电的格式。

在长期的实践中，前人已经创造并总结归纳出了符合函电性质、特点、种类、内容、功能和目的的函电基本格式。

英语在国际贸易体系中具有通用语言的地位，国际贸易函电的起草和翻译离不开英语。鉴于此，本节主要通过对比英、日、中三种语言的信函来介绍信函的结构、构件和基本用语，学习者可以学习和了解英、日、中三种语言信函的主要格式，进而了解电子邮件等电子信函的基本结构、构件和格式，达到全面学习函电写作和翻译的要领、学以致用的目的。

第一节　信函的基本构件

函电的格式是以传统信函格式为基础和原型的，相较于现在流行的函电格式，传统信函格式更为规范、完整。所以本书以信函格式为例介绍函电格式，这样可以让学习者比较全面、完整地了解函电格式。

信函（函电）是一个由开头、正文、结尾三大相关板块构成的整体。

每个板块是由若干构件组成的相对完整的结构体，有独立完整的内容，并出现在信函中相对固定的位置上。

构件是信函结构中的基本言语单元，具有相对独立的言语形式和相对固定的定义、名称、内容范围、书写形状和位置。可以根据实际需要选择是否使用某一构件。构件内部还有标点符号的使用及其规则。

一、英文信函的基本构件

英文信函由开头板块、正文板块、结尾板块构成，各板块的基本构件如下。

（一）开头板块

1. Letterhead（頭書（あたまがき））：信笺抬头，简称信头，指书写在信笺顶部的反映本公司名称、地址、邮政编码、电话、传真、电子邮箱等信息的文字。有些公司还会在信笺抬头里加入公司的标志图案（logo，ロゴ）。

信笺抬头的书写形状，即式样，因公司而异，使用的语种一般以母语加英文为主，有些公司也会根据联系对象所使用的语种做相应调整。

信笺抬头通常事先通栏印刷在公司公用信笺的顶部，只要根据实际变化适时更新，根据联系对象选择相应语种即可，无须信函起草人书写，一般也不会有误。印有信笺抬头的公司公用信笺也被称作“信头纸”。

英文信函如果使用空白纸，则可采用本公司信息作为信笺抬头，打印在信笺的右上角。

英文信函如果超过一页且信笺是空白纸，则应从第二页开始在左上角打印收信人称呼、日期、页码等信息，主要书写形式如下：

（1）Mr. Tanaka
March 22, 2021
Page 2

（2）Mr. Tanaka, March 22, 2021, Page 2

（3）Mr. Tanaka, Page 2, March 22, 2021

按照一般习惯，英文信函的第一页通常不打印页码，只在右下角打印“continued”（続く（つづく））。

在日文和中文的信函中，如果不使用信头纸，则通常只需要在空白纸的第一页上打印信笺抬头，以后各页无须重复打印。如果函电超过一页，则应从第一页起编好页码，通常无须像英文函电那样在第一页右下角打印“続く（つづく）”“待续”等字样。

信笺抬头是公司形象的一种体现，基本要求是准确、美观。

2. Reference Number（Ref. No.，文書番号（ぶんしょばんごう），参照番号（さんしょうばんごう））：信函编号，亦称文号、函号，指信函在公司对外发文中的内部顺序号或与对方共享的文件编号。

信函编号既可以是纯内部顺序号，由公司按照自身档案管理制度和文件编号规则编排，如“Ref. No.（2021）HUMAO-LET-001”，即“信函编号：（2021）沪贸【函字】第001号”之意；也可以是根据实际情况与对方共享的顺序号，按照双方商定的编号规则编号，如“Ref. No.（2021）HUMAO-ITSUBISHI-CONT-001”，即“信函编号：（2021）沪贸—五菱【合同字】第001号”之意。

标明信函编号既有利于公司内部管理函电、文档，又便于收发双方共享、查找、检索和追溯，还能给信函的起草带来很大便利。如函中引用己方或对方已发信函时，只须提及信函编号即可，不需要更多的文字说明。如使用“Your Ref. No.（2021）HUMAO-LET-001”“御社（おんしゃ）（2021）HUMAO-LET-001書簡（しょかん）”“贵公司（2021）HUMAO-LET-001号函”，或“Our Ref. No.（2021）HUMAO-LET-001”“弊社（へいしゃ）（2021）HUMAO-LET-001書簡（しょかん）”“我公司（2021）HUMAO-LET-001号函”等函号，即可点明本函所提及的对象。

在实际操作中，最常见的信函编号规则和方法为：

（年份代号）公司代号—部门代号—业务种类代号—发函流水号

英、日、中函号例：

（2021）HUMAO-E-P-001

（2021）滬貿（こぼう）—設（せつ）—調（ちょう）—001

（2021）沪贸【设采字】第001号

解读：2021年　上海国际贸易公司　设备部　采购　第001号函电

信函编号是信函最重要的身份标识，基本要求是有规律、易记、唯一。

3. Date（文書日付（ぶんしょひづけ），発信日付（はっしんひづけ））：发信日期，指信函对外发出的实际日期。

在英文中，日期采用公元纪年法，日期的表述有英式和美式之分。英式的日期顺序是日、月、公元年份，如“5（th）March, 2021”；美式的日期顺序是月、日、公元年份，如“March 5, 2021”。

在日文中，日期有公元纪年法和日本纪年法之分。公元纪年法的日期顺序是公元年份、月、日，如“2021年3月5日”；日本纪年法的日期顺序是日本年号、该年号年份、月、日，其中月、日与公元纪年法相同，如“令和3年3月5日”。

在中文中，日期只采用公元纪年法，日期顺序是公元年份、月、日，如“2021年3月5日”。

起草信函时应根据联络对象的不同采用不同的或共同商定的日期表达方式。

在信函中，有时可以用日期来替代信函编号，如“贵公司3月5日来函指出……”的意思和“贵公司3月5日（2021）沪贸【设采字】第001号函指出……”的意思相同。不过这种表达缺少严谨性，如果当天发过不止一封信函，就应该避免使用这种表达方式。

发信日期涉及有关事项的时效性和信函作为证据、资料的有效性等，非常重要，基本要求是如实、无误、不遗漏。

4. Inside Address（書中宛名）：信内地址，指打印在信笺第一页左上方的收信人联络方式，通常和信封上的收信人信息一致，一般顺序和位置是称呼、职务在上，公司名称在中，详细地址在下。

英文的信内地址中，对收信人的称呼多使用“名（first name）+ 姓（surname）”的形式，如“John Smith”，也可以在其前面加尊称“Ms.”“Mr.”等。

英文的地址表述顺序是从小到大，依次为门牌号、街名、区名、城市名、县名或州名、国名。如“No.1, 2 Banchi, 3 Chome, Kaizaki-cho, Minato District, Narita City, Chiba Prefecture, Japan”。其中“Minato District”经常被表述为“Minato-ku”；“No.1, 2 Banchi, 3 Chome”可缩略为“3-2-1”。

传统的日文信函没有信内地址，但由于对外贸易增多，出于业务的需要，日本自二十世纪七八十年代逐渐开始使用信内地址，还模仿英文信函的格式将其放在函中相对固定的位置上，并在收信人姓名或姓氏之后加“殿”（阁下）、“様”（先生／女士）等。

在正规格式的中文信函中，至今仍没有信内地址。但在实际操作中，灵活处理信内地址的现象已经普遍存在。如在公司、业务人员自己设定的传真、电子邮件等没有信封的函电中，信内地址的使用已经很成熟，甚至已经有了相对固定的表述形式、书写形状和位置。

日文和中文的地址表述顺序完全一致，为从大到小，与英文地址的顺序正好相反。如日文地址“日本国(にほんこく)千葉県(ちばけん)成田市(なりたし)港区(みなとく)海崎町(かいざきちょう)3丁目(さんちょうめ)2番地(にばんち)1号(いちごう)”，中文为“日本千叶县成田市港区海崎町3丁目2番地1号”。日文的“3丁目2番地1号”和中文的“3丁目2番地1号”可以缩略为“3-2-1”。

信内地址如果太长，可以适当缩略，基本要求是准确、唯一。

5. Particular Address（特定宛名人(とくていあてなにん)）：指定处理人，指发信人所指定的对方公司处理该信函的人。

在英文信函中，指定处理人通常全部用大写表述，如用小写（只有首字母大写）可以加下画线，以引起对方注意。如“ATTENTION: MR. YAMAMOTO”或“<u>Attention: Mr. Yamamoto</u>”。由于表述中使用了“attention”一词，所以该项内容也被称为“注意线（Attention Line）”。

指定处理人是根据需要确定的，不是信函的必需项。日文和中文信函并没有这个传统。不过，随着对外业务的不断增多，为提高沟通效率，日文和中文的信函格式也变得更加灵活，有时会加入这项内容。

指定处理人一般是发信人的业务对象或熟悉业务并能有效处理信函所提问题的其他人，基本要求是指定恰当，表述无误，不引起误解。

6. Salutation（冒頭礼辞(ぼうとうれいじ)）：信首称呼，指信函开头对对方的称呼，通常要使用尊称。

英文信函的信首称呼主要有以下几种。

（1）传统称呼：一般业务往来中给对方发信时，在“Dear”后加收信人的尊称和姓氏，如“Dear Mr. Tanaka”“Dear Professor Smith”等。

（2）亲昵称呼：发信人给熟悉或交往亲密的对方发信时，可在“Dear”后直接加收信人的名字（无须写姓氏），如“Dear Marry”等。

（3）一般称呼：发信人给不知道或不想称呼其姓名的对方发信时，

在“Dear”后加一般性称呼，如“Dear Sir”“Dear Purchasing Officer”“Dear Madam”“Dear Project Manager”等。

（4）不特定称呼（单数）：给不特定的个人发信时，可以根据对象选择称呼，如“Dear Customer”（推销时用）、“Dear Officer”（办事时用）等。

（5）复数称呼：给特定或不特定的人群发信时，可用“Ladies”“Gentlemen”“Dear Sirs”“Dear Members of Committee”等。

另外，在正式场合可以使用“Dear Sir”“Dear Madam”“Dear Sirs”“Gentlemen”等称呼，但如果知道对方的姓氏，最好选择第（1）种称呼。

从以上表述方式可知，英文信函中的信首称呼有特指［含有收信人姓名的第（1）（2）种）］和泛称［没有收信人姓名的第（3）（4）（5）种］之分。

另外，信首称呼还有英式（如“Dear Sirs”）和美式（如“Gentlemen”）之别。

英文信函的信首称呼后可用冒号“：”，也可用逗号“，”。

日文信函的信首称呼没有特指，特指的功能由信内地址完成。日文信函中也没有泛称的信首称呼，只有被称为开头语的“謹啓（きんけい）”“拝啓（はいけい）”“拝復（はいふく）”“前略（ぜんりゃく）”等词。这些词语后不用标点符号，通常空一个字符后直接书写应季、应事、应情的传统客套话作为转入正题前的开场白。

中文信函的信首称呼也有泛称（如“敬启者”）和特指（如“尊敬的田中先生”）之别。常用的尊称有“先生”“女士”“太太”“小姐”等。中文还有称呼职务、职称的习惯，如“总裁”“部长”“教授”等。这两类称呼语既可以单独使用，作为泛称，也可以加在收信人的姓氏或姓名后用于特指。

信首称呼是发信人礼仪素质和对收信人态度的具体体现之一，基本要求是准确、合乎礼仪。

7. Letter Subject（標記（ひょうき），件名（けんめい））：信函标题，反映信函正文所述事项，可以是所述事项的主题，也可以是发信的理由，还可以是正文所涉及的订单、所回复的对方信函等的编号。英、日、中信函标题的表述形式基本一致。

英文信函标题例：“On Insurance of the Goods under Ref. No.（2021）HUMAO-E-CONT-001”“About Your Offer”“Reply to Your Ref. No.（2021）

HUMAO-LET-001”……

日文信函标题例：“契約貨物の保険の件”“御社のオファーについて”“貴社（2021）滬貿—設— 調 —001 文書に対する回答”……

中文信函标题例：“合同货物的保险事宜”“关于贵公司的报价”“关于贵公司（2021）沪贸【设采字】第001号函的回复”……

信函标题有概括信函内容、引起对方注意的功能，基本要求是切中主题、简明扼要、通俗易懂。

（二）正文板块

8. Body（本文）：正文，指发信人针对所沟通事项展开具体叙述的部分。正文是信函的主体，通常包括事项提示、问题描述、解决方案、具体要求等内容。

正文是信函发挥沟通功能，达到沟通目的的最重要构件，是信函的核心，一般包含叙述主题、展开讨论和得出结论三个部分。正文的写作不但要求思路清楚、逻辑合理、内容完整、中心突出、语言规范、简洁易懂、表达高效、合乎礼仪，还要求议题单一、段落短小。

（三）结尾板块

9. Complimentary Close（結尾礼辞）：信尾客套语，指信函正文全部结束后发信人表示客气的客套语。

英文信函的信尾客套语由两个部分构成。第一部分是信尾祝福语，通常位于正文结束后，书写时单独占据一行，表示对对方的祝福，如“With warmest regards”，意思是“谨致最温暖的问候”。常见的信尾祝福语还有“With best regards”“With regards”“Regards”等。该部分有时会被省略。

第二部分通常有“Yours faithfully”“Yours truly”“Truly yours”“Sincerely”“Sincerely yours”“Yours sincerely”“Yours very truly”“Very truly yours”等，通常写在发信人署名之前，单独占据一行，后面须用逗号“,”。日文信函与之对应的是结尾词“敬具”“敬白”等，通常用在正文结尾句的行尾或日文信函特有的结尾起词“まずは取り急ぎ”（匆匆）、“まずはお礼まで”（先致谢忱）、“取りあえずご連絡まで”（先致联系）等的行尾，后面不用标点符号。

中文信函也有使用信尾客套语的传统，如“此致敬礼”“顺颂商祺”“即颂大安”等。但受外国信函、商务文件翻译的影响，尤其自二十世纪七十年代后期以来，中文信函也出现了直接从英文翻译而来的中文信尾客套语，如“你的”“你忠诚（诚挚）的”等。很多中国人对这些词语也已习以为常，乐于使用了。

信尾客套语是发信人修养的反映，也是民族文化的体现，基本要求是符合习惯、适合身份、避免误用。

10. Signature of Company（**会社署名**）：公司签名，指发信人代表公司而非以个人名义对外发信时所写的签名。公司签名可以是公司法人代表签名，也可以是被授权代表公司的发信人签名。为了规避个人的法律责任，还可以使用公司名称（手写或盖章等）。由于公司名称等信息已经在信笺抬头中体现，如无特殊需求，公司签名通常被省略。

公司署名是公司法律地位的体现，反映了承担责任的级次高度，基本要求是与信函内容相适应，准确无误。

11. Signature（**署名**）：签名，指发信人在信函末尾的签字，通常应以信函的语种或英文签署。签名表示信函是签字人即发信人以个人名义签发的；在没有公司签名的情况下，也可以表示信函是发信人代表公司签发的。

在英文信函中，最简单的签名形式是在信尾客套语下方打印公司名称，留出签名空间，下方打印发信人姓名；或在信尾客套语下方留出签名空间，下方打印发信人姓名和职务。最全的签名形式是，在信尾客套语下方打印公司名称，留出签名空间，下方打印发信人姓名和职务。如果发信人是被授权代表公司签发信函者，通常会在公司名称前使用拉丁文“Per pro”字样。如果发信人是女性，则会在打印的发信人姓名前使用女性尊称，如“Miss”（“小姐”，用于未婚女性）、“Mrs.”（“夫人”，用于已婚女性）或“Ms.”（“女士”，泛指女性，不论婚否），以方便收信人回函。

签名的具体形式如下。

(1)最简单的签名形式之一(男性):

Sincerely,

Itsubishi Corporation

____

Hiroshi Yamamoto

(2)最简单的签名形式之二(男性):

Sincerely,

____

Hiroshi Yamamoto,

Sales Manager

(3)最全的签名形式之一(男性):

Sincerely,

Itsubishi Corporation

____

Hiroshi Yamamoto,

Sales Manager

(4)最全的签名形式之二(女性):

Sincerely,

Itsubishi Corporation

____

(Miss) Ayako Yamamoto,

Sales Manager

(5)最全的签名形式之三(女性):

Sincerely,

Per pro Itsubishi Corporation

____

(Miss) Ayako Yamamoto,

Sales Manager

日文信函的发信人签名一般置于信纸第一页的右上角，比左上角信内地址的位置低，由上到下依次为公司名称、部门和职务、姓名、铃印。如：

中国上海国際貿易公司
設備部　部長
劉　淳　殿

日本五菱商事
販売部　部長
山本　宏
署名：　　　　(印)

拝啓　……

中文信函的发信人签名一般放在信纸最后一页右下角的日期上方，由上到下依次为公司名称、部门和职务、姓名、签字。正式公函有时只加盖公章，有时在发信人签字下方加盖公章。

……
顺颂商祺

中国上海国际贸易公司
设备部部长
刘　淳
签字：
盖章：
2021年3月22日

英文和日文信函并没有加盖公章的传统，但在与中国的贸易交往中渐渐“入乡随俗”，开始接受中国的习惯，在重要信函上签名并加盖公章的现象已经非常普遍。

在签名部分签字的人通常就是发信人，原则上应为对本函负责的人。签名的基本要求是本人亲笔签署、不要遗漏。根据需要可以选择只签名、只加盖公章或既签名又加盖公章。

12. Identification Marks（**関係者名頭字**）：识别记号，指发信人或参与信函起草、打字等工作的人员的姓名缩写。识别记号的形式很自由，只要内部人员或沟通对象能够明白即可。如上田敬司（Ueda Keiji）起草，東海林秋子（Shouji Akiko）录入印发，就可以写成“UK-SA”或“UK/SA”。其中，“UK”是“Ueda Keiji”的缩写，“SA”是“Shouji Akiko”的缩写。

日文和中文信函中一般没有此项内容，但如需要，也可使用。

使用识别记号的目的是记录相关人员信息，便于办事或事后追溯，基本要求是简洁易记、特点明显、指向唯一。

13. Enclosure（**同封物指示**）：附件说明，指随信函发去的其他文件的提示，英文信函的表述形式如下。

（1）提示有一个附件：Enclosure 或 Encl. 或 Enclosure（1）或 Encl.-1

（2）提示有多个附件：Enclosure（2）或 Encl.-2 或 Encl. ：Two

（3）提示具体的附件名：Enclosure ：Manual of Equipment 或

Encl. ： 1.
2.
3.
……

（4）附件在信函正文中已经提及的，可使用“Encl. a/s”。“a/s”是“as stated”（如上所述）的缩写。

日文信函有几种提示附件的方法。直接在信笺上写出附件内容时，通常在结尾词“敬具”等后的单独一行的中间写上“記”，换行书写附件的具体内容。不直接书写附件内容而是另附纸张时，通常在“添付（資料）：”“別添（資料）：”或“アタッチメント：”字样后列出附件目录，并将该纸附于函后。

中文信函也有几种提示附件的方法。直接在信笺上写出附件内容时，通常在发信地点的下一行行首写上“附：”或“附件：”，然后换行书写附件内容。不直接书写附件内容而是另附纸张时，通常在“附：”或“附件：”字样后列出附件目录，并将该纸附于函后。

附件可多可少，以实际需要为准。附件是对信函内容的补充，对信函完成沟通功能有着重要作用，基本要求是准确、完整。

14. Carbon Copy（シーシー，コピー）：副本抄送，是指本函已经有副本，并已经或即将送交收信人以外的其他相关人员或单位的通知性表述。通常的英文表述形式是在“C.C.”后加人名或单位名称，如“C.C. Miss Akiko Tanaka”，意思是“抄送给田中秋子小姐”。

日文信函中副本抄送的表述形式一般是在英文的“C.C.”或日文的“コピー：”后加被抄送单位、部门的名称或被抄送人的称呼。如“C.C. 田中部長殿”，意思是“抄送给田中部长”。

另外，如果是请收信人转交某人，英文信函中会在“c/o”（“care of”的缩写）后加被转交人的单位名称或被转交人的称呼，如“c/o Mr. Tanaka”，意思是“请收信人将本函转交给田中先生”；日文信函中则是在“気付”前加转交人的称呼，后面加被转交人的称呼，如“佐藤様気付　田中様”，意思是“请佐藤先生将本函转交给田中先生”。

中文信函中副本抄送的表述形式为在“抄送：”字样后加被抄送单位的名称或被抄送人的称呼，如“抄送：田中秋子小姐”，意思是“抄送给田中秋子小姐”。

二十世纪八十年代以来，随着对外交往增多，对外联络变得频繁，直接借用英文“C.C.”的现象已经非常普遍，在“C.C.”后加被抄送人（如“C.C. 田中秋子小姐”）的表述形式已被普遍接受，甚至在非常正式的信函中都有采用这种形式的实例。

副本抄送具有礼节性地告知的性质，但更多的是起到警告、监督的作用，基本要求是如实、准确。

15. Postscript（後付け，追伸）：附笔，也叫附言，指信函写完之后或在信函正文之外想要告诉对方的其他事项或想法，一般放在附件之下，通常的英文表述形式为在“P.S.”后加具体事项或想法。

日文信函也有附笔的传统，通常在信函全部结束后写上“追伸”，然后书写想表达的其他具体内容。

中文信函也可以有附笔，通常的表述形式是在信函结束后写上“附笔：”，然后书写想表达的其他具体内容。或在信函结尾空出适当行数后书写其他具体内容，在行尾写上“又及”或“某某又及”字样。

二、日文信函的基本构件

日文信函的开头板块（前置信息）、正文板块和结尾板块的基本构件①如下。

（一）开头板块

日文函电的开头板块也叫前置信息（前付け（まえづけ）），由以下构件构成。

1. **文書番号（ぶんしょばんごう）（参照番号（さんしょうばんごう））**：信函编号，亦称文号、函号，指信函在公司对外发文中的内部顺序号或与对方共享的文件编号。

2. **文書日付（ぶんしょひづけ）（発信日付（はっしんひづけ））**：发信日期，指信函对外发出的实际日期。

3. **発信者名（はっしんしゃめい）**：发信人名，指信函签发人的名字，通常应由发信人亲笔签字，根据需要可加盖业务用个人名章。

4. **受信者名（じゅしんしゃめい）（宛名（あてな））**：收信人名，指对收信人的称呼。

5. **標記（ひょうき）（件名（けんめい））**：信函标题，指反映信函正文所述事项的题目。

（二）正文板块

这是日文信函的核心部分，表述具体的正文（主文（しゅぶん））内容，由以下构件构成。

1. **頭語（とうご）（起語（きご））**：开头词，指正文开头表示正文开始并引起对方注意

---

① 日文信函各构件的写作要领已经在“英文信函的基本构件”小节中有所涉及，在本小节中，只讲解前面未提到的有关日文信函的内容。后一小节“中文信函的基本构件”亦同。

的词语。日语常用的开头词主要有“謹啓(きんけい)”“拝啓(はいけい)”“拝復(はいふく)”等，表示“敬启”之意。

2. **挨拶(あいさつ)**：寒暄语，指正文进入主题前问候对方的传统客套语。现在，为了提高沟通效率，已经不再特别强调该部分，只要不失礼节，在定型的套话（详见第五章）中选择适合对方身份、季节时令和信函内容的语句使用即可。有时使用开头词“前略(ぜんりゃく)”来省略寒暄语，直接切入正文。

英文和中文的信函没有使用寒暄语的传统，但开头说一句“Thank you for your cooperation!”“感谢贵公司的合作！”之类的客气话十分普遍。

3. **主文(しゅぶん)の起辞(きじ)**：正文起词，指正文从客套语转入正题时使用的词语。正文起词的主要功能是转换话题，不表示顺接或逆接等。这类词语主要有“さて”“実(じつ)は”“ついては”“ところで”“それでは”等。它们在信函中导入话题的形式意义大于词语本义。

英文和中文的信函没有使用正文起词的传统，虽然根据内容和段落设置等可能会在正文中出现类似的转换话题的词语，但这些词语通常没有从客套语转入正题的功能。

4. **用件(ようけん)**：事项，指发信人通过信函向对方传达的事情的情况、原因、问题、解决办法，自己的想法、意志、愿望和请求等，一般要求突出重点、简洁明了。需要表达复杂内容时，日文信函通常会列项逐条表述。日文信函还崇尚一事一函，函中不涉其他事项。

5. **末文(まつぶん)の起辞(きじ)**：结尾起词，指正文从正题转向结尾的词语，如“取(と)り急(いそ)ぎご報告(ほうこく)まで”，意思是“事急先告”。

6. **末文(まつぶん)の挨拶(あいさつ)**：结尾寒暄语，指信函末尾向对方表示客气、问候和祝福的话语，与结尾起词的功能和用语基本重叠。常用的套话除上面提到的“取(と)り急(いそ)ぎご報告(ほうこく)まで”外，还有“まずはお返事(へんじ)まで”（先以为复）、“以上(いじょう)の件(けん)、くれぐれもよろしく”（上述事项诚请关照）、“とりあえずご通知(つうち)まで”（聊作通知）等。

英文信函通常在相应的位置上使用“Best regards”（致最好的祝福）或“Regards”（祝好）等表示简单的祝福和问候，而把表示祝福、愿望、请求的完整的句子，如“Please give us your offer as soon as possible”（请尽快提供贵公司报价为盼）等，作为正文主体内容的一部分。

在中文信函中，“请尽快回复”等是正文主体内容的一部分，而正文板块中还有信尾客套语这一构件，通常使用一些吉利话表示对对方的祝福，如“此致敬礼”“顺颂商祺”“顺颂商安”等，后面一般使用感叹号“！”，也可不用标点符号。

7. 結語(けつご)：结尾词，指正文的最后表示礼貌的词语。通常用“敬具(けいぐ)”（敬笔）、“頓首(とんしゅ)”来呼应开头词“謹啓(きんけい)”“拝啓(はいけい)”“拝復(はいふく)”，用“草々(そうそう)”（草草奉上）呼应“前略(ぜんりゃく)”。

（三）结尾板块

日文信函的结尾板块包括后置信息（末文(まつぶん)）和附加信息两个子板块，分别由以下构件构成。

1. 后置信息①

（1）**発信者会社名**(はっしんしゃかいしゃめい)：发信人公司名称，指发信人所在的或所代表的公司名称。

（2）**発信者肩書**(はっしんしゃかたがき)：发信人职务，也叫发信人头衔，指发信人在其公司内部的职务。

2. 附加信息

（1）**別記**(べっき)：附记，指写在正文里有冗长、繁杂、离题之嫌而被写在信函结尾后作为另附内容的事项。具体写法是在结尾词后的单独一行中间写上“別記”或“記”，换行写附记的具体内容。附记内容可以是一段话，也可以是关于另附纸张的附件的说明，或两者兼而有之。

带有附记的信函在日本公司内部流转的公文中普遍使用，在用日文书写的对外公函中也很常用。在国际贸易实务中，偶尔可见到带有附记的日文信函。

附记是日文信函独有的形式，在一定意义上兼有“追伸(ついしん)”（附笔）的功能。但日文信函在附记之后，仍然可以有“追伸(ついしん)”的内容。

日文信函在附记结束后通常会在下一行的行尾写上“以上(いじょう)”二字，表示“以下无内容”的意思。“以上”之后不用标点符号。

---

① 有些日文信函可能会根据需要将后置信息“発信者会社名”和“発信者肩書”放在开头板块中。

（2）**別紙**（**添付書類**）：附录文件，指信函后另附纸张的文件，这些文件的名称已在附记的附件目录中列明。

（3）**後付け**（**追伸**）：附笔，指正文中遗漏或拟毕信函后想起来要传达的内容。一般形式是在信函最后一行的行首写上“追伸”或“追って”，然后书写想补充的内容。不过在日本，特别重要的信函、给上司的信函或吊唁函等不采用这种形式，否则会被视为失礼。

三、中文信函的基本构件

中文信函的开头板块、正文板块、结尾板块的基本构件如下。

（一）开头板块

1. **信笺抬头**：指在信笺顶部印刷或打印的公司名称、联系方式和公司标志图案等信息。

2. **信函编号**：亦称文号、函号，指信函在公司对外发文中的内部顺序号或与对方共享的文件编号。

3. **信函标题**：指反映信函正文所述事项的题目。

4. **收信人公司名称**：指写在信函开头的收信人公司名称。

5. **收信人职务**：指写在信函开头的收信人在其公司内的职务。

6. **收信人称呼**：指写在信函开头的对收信人的称呼。

（二）正文板块

1. **信首寒暄语**：指信函正文开头向对方表示礼貌的词语。通常有“您好！”“你好！”等。

2. **信首客套语**：指寒暄过后向对方表示敬意、请求、感谢等的词句。其中有些是套话，如“见信如晤”“最近忙否”“感谢贵公司一贯的支持”等；有些则是根据信函内容写的，如“贵公司函悉”“感谢贵公司前次发来报价”等。

3. **正文**：指发信人针对所沟通事项展开具体叙述的部分。

4. **信尾客套语**：指信函结束前向对方表示尊重、请求等的客套语。有的是套话，如“顺颂商祺”“即颂商安”“此致敬礼”等，有些则是根据信函内容写的，如“盼复”“谨请照办”“请予转告”“谨请同意”“妥否请告”等。

（三）结尾板块

1. **发信人公司名称**：指发信人所在的或所代表的公司名称。

2. **发信人职务**：指发信人在其公司内部的职务。

3. **发信人签名**：指发信人的签名。

4. **发信公司公章**：指正式或重要信函中由发信公司加盖的公章。

5. **发信日期**：指发信的实际日期。

6. **发信地点**：指发信的实际地点，通常在地名前加“于”字。

7. **附件**：指附在信函之后的其他文件，通常在“附件：”后书写所附文件的名称，作为附件目录，并将所附文件放在信函后。

8. **副本抄送**：指信函副本已经或即将发送给收信人以外的其他人的通知性表述。通常在“抄送：”后书写接受副本的人或单位的名称。

9. **附笔**：指发信人在正文中遗漏的或拟毕信函后想起的事项。通常的形式是在“附笔：”或“附言：”后书写具体内容，也可以在信函结尾空出适当行数后直接书写附笔内容，结束后写上“又及”字样。

附笔可以是当时书写的，也可以是信函签字盖章完毕后隔若干时间书写的，但在重要的正式信函中为表示郑重，一般不采取这种形式。

第二节　信函的格式

信函的格式实际上就是信函各构件在信笺上的布局形式。信函格式是在长期实践中形成的相对固定的表现形式，具有逻辑清晰、便于识别、简洁明了、通用性强、高效便捷等特点。

另一方面，信函格式也反映了各个国家独特的文化传统、语言特点、阅读习惯、思维逻辑乃至审美意识。

一、英文信函格式

1. 商务信函基本格式（The Layout of Business Letters）

Letterhead

Reference Number

Date

Inside Address

Particular Address

Salutation

Letter Subject

Body

……　……　……

Complimentary Close

Signature

Identification Marks

Enclosure

Postscript

上述基本格式反映了各构件在信函里的相对位置，但这并不是国际贸易实务中真正使用的格式。在实际使用中，根据对齐方式、特定构件的有无、标点符号的使用等，产生了不同的变体形式。这些变体形式可分为两类。

第一类：根据对齐方式可分为三种变体形式。

（1）平头式（Block Form）

（2）凹凸式（Indented Form）

（3）改良平头式（Modified Block Form）

第二类：根据发信日期、信内地址、信首称呼、信尾客套语和签名这五个构件的行尾是否使用标点符号可分为两种变体形式。

（1）封闭标点式（Closed Punctuation）

（2）开放标点式（Open Punctuation）

上述两类不同的变体结合后又会形成其他的格式变体。其中常见的有三种。

（1）开放标点平头式（Block Form with Open Punctuation）

（2）封闭标点凹凸式（Indented Form with Closed Punctuation）

（3）开放标点改良平头式（Modified Block Form with Open Punctuation）

2. 开放标点平头式

Letterhead

Reference Number________

Date________

Inside Address

____

______

____

Salutation：

Letter Subject

Body

____

____

____

____

____

Complimentary Close,

Signature

____

____

____

开放标点平头式的特点是整封信函为左对齐，信首称呼和信尾客套语后使用标点符号，发信日期、信内地址、签名的各行行尾不使用标点符号。

一般认为，开放标点平头式是美式格式。这种格式的优点是打字方便，效率高，缺点是所有行首一律左对齐，较难分辨段落分界，阅读难度较大。

3. 封闭标点凹凸式

Letterhead

Reference Number________

Date________.

Inside Address

____________,

　__________,

　　________.

Salutation,

Letter Subject

Body

　____

____

　____

____

Complimentary Close,

Signature

____________,

__________,

________.

封闭标点凹凸式的特点是发信日期、信内地址、签名等构件的各行行首逐行向右下方缩进，正文每段第一行的行首向右缩进5～8个英文字符，发信日期、信内地址、信首称呼、信尾客套语、签名这五个构件的各行行尾使用标点符号。

一般认为，封闭标点凹凸式是英式格式。这种格式的优点是正文段落容易识别，便于阅读，缺点是打字复杂，效率较低。

4. 开放标点改良平头式

Letterhead

Reference Number________

Date________

Inside Address

____

____

____

Salutation：

Letter Subject

Body

____

____

____

____

Complimentary Close,

Signature

____

____

开放标点改良平头式的特点是正文每段第一行的行首向右缩进5～8个英文字符，其他构件的各行行首一律在构件自身的位置上向左对齐。信首称呼和信尾客套语后使用标点符号，发信日期、信内地址和签名的各行行尾不使用标点符号。

这种格式是美式、英式两种格式相结合的改良产物，汲取了两者的优点，规避了两者的缺点，而且英美人都使用，是当今国际贸易实务中最常用的英文信函格式。

本书采用开放标点改良平头式作为英文信函的基本格式。

5. 开放标点改良平头式实例

开头板块	信笺抬头	**上海国际贸易公司** **Shanghai International Trade Corporation, Shanghai, China**
	信函编号	Ref. No.（2021）HUMAO-E-P-001
	发信日期	March 25, 2021
	信内地址	ITSUBISHI CO. 1-6-2, Honmachi Shibuya-ku Tokyo, Japan
	指定处理人	Attention: Mr. Tanaka Director Second Department of Sales
	信首称呼	Dear Sirs,
	信函标题	Shipment Delay of the Order for Electronic Dictionaries
正文板块	正文	We have placed an order for electronic dictionaries for the use of the new semester on Dec. 15th last year and the delivery should be before Feb. 15th as agreed. The expiration date has already passed but we have not received the goods yet. For the new semester has begun for a month, please make an investigation and deliver the goods as soon as possible.
结尾板块	信尾客套语	Yours faithfully,
	公司签名	EQUIP. DIVISION, SITC
	签名	(Mr.) Li Hui
	识别记号	ML/ck
	附件说明	Encl. -1 copy of the Contract
	副本抄送	CC: Mr. Sato, Deputy Director
	附笔	P.S. Please contact Miss Liu Lingling, Deputy Director of our Equipment Division for details.

二、日文信函格式

1. 传统商务信函格式（伝統的(でんとうてき)ビジネス文書(ぶんしょ)の書式(しょしき)）

(1) 竖排格式（縦書(たてが)き書式(しょしき)）

標記

頭語　挨拶

主文の起辞

用件

末文の挨拶

結語

別記

文書日付

発信者会社名

発信者肩書と署名

受信者会社名　受信者肩書と名前　様

竖排格式是传统日文商务信函格式，具体写法如下。

第一行中间书写标题，另起一行，行首顶格书写开头词，空一格后书写寒暄语。

另起一行，行首空一格书写正文起词，紧接着书写具体事项。写完具体事项后另起一行，行首空一格书写结尾寒暄语，在行尾书写结尾词“敬具(けいぐ)”“敬白(けいはく)”等，或换行在行尾书写“以上(いじょう)”，词后均不使用标点符号。

如有附记，则换行居中书写“記”或“別記”，再换行书写附记内容，行首是否空格根据内容而定。如有另附纸张的附录文件，则换行后顶格书写“添付書類(てんぷしょるい)”“別紙(べっし)（資料(しりょう)）”等，加冒号，在下方书写附件目录，然后换行，在行尾书写“以上”。

接着另起一行，顶格书写发信日期。再换行，在中间偏下位置书写发信人公司名称。然后再次换行，在比发信人公司名称略低的位置书写发信人职务，下方是发信人姓名（签字或打印姓名，加盖个人印章）。在下一行顶格书写收信人公司名称、收信人职务和姓名，之后空一格书写“様”等尊称。

如有附笔，则换行顶格书写“追伸”或“追って”，之后空一格书写附笔内容。

这种传统日文商务信函格式较为郑重，信息也比较全面。但这种格式结构复杂、要求苛刻、表述啰唆，又是竖排书写，书写和阅读都比较困难，所以，通常只在日本国内很正式的业务场合才会使用，一般场合都会使用简化格式。

(2) 横排格式（横書き書式）

標記
頭語　挨拶
主文の起辞
用件
末文の挨拶　　　　結語
別記
以上
文書日付
発信者会社名
発信者肩書と署名　印
受信者会社名　受信者肩書と名前　様
追伸

“二战”以后，日本进入经济腾飞时期，与西方国家贸易往来激增，信函交流日显重要。为更好地适应对外商贸沟通的需要，提高沟通效率，日

本逐渐形成了日文信函的横排格式。

与竖排格式相比，横排格式除了书写方向有所改变之外，在构件的数量、先后顺序、相对位置和构件自身的书写形状等方面并无实质性变化，并未根据英文的阅读逻辑进行适应性调整。

2. 改良信函格式（修正後（しゅうせいご）ビジネス文書（ぶんしょ）の書式（しょしき））

(1) 改良格式

	頭書	
		文書番号
		発信日付
受信者会社名		
肩書と名前　殿		
		発信者会社名
		発信者肩書名と署名　印
	標記	
頭語　挨拶		
主文の起辞		
	用件	
末文の挨拶		結語
	別記	
添付資料		
コピー		
		以上
追伸		

为了更好地适应对外，尤其是与西方的信函沟通需求，提高沟通效率，避免格式的不同带来的包括法律问题在内的各种麻烦，自二十世纪六七十年代起，日本商贸界在模仿英文信函格式的基础上改良了日文信函的格式，产生了几乎完全西化的改良格式。

表面上看，改良后的格式只是对信函构件的位置做了调整，并没有什么特别之处。然而本质上，这种格式打破了“重要的事情放在最后说”的日本传统语言逻辑。

改良格式汲取了英文信函格式表达效率高的优点，凸显了实用性和高效性，成为今天日本商贸界最为常用的信函格式。

本书采用这种改良格式作为日文信函的标准格式。

(2) 改良格式实例

开头板块	信笺抬头	**上海国際貿易公司** **Shanghai International Trade Corporation, Shanghai, China**
	信函编号	文書番号:(2021)滬貿—設—調—001
	发信日期	発信日付：2021 年 3 月 25 日
	发信地点	発　信　地：上海
	收信人公司名	五菱商事（株）
	收信人职务、称呼	販売二部長　田中　殿
	发信人公司、部门	上海国際貿易公司設備部
	发信人职务、姓名（印）	部長　李輝（印）
	信函标题	**注文品「電子辞書」船積み遅延の件**
正文板块	开头词、寒暄语	拝啓　仲春の候、貴社のますますのご隆昌のこととお喜び申し上げます。
	正文起词、事项	さて、去年 12 月 15 日付で新学期用に注文いたしました標記商品が納期の 2 月 15 日を過ぎてもまだ受け取っておらず、大変困惑しております。 新学期が始まって 1 ヵ月も過ぎましたので、至急ご調査の上標記商品をお送りいただけるようお願いいたします。
	结尾起词、结尾词	まずは、商品未着のご照会まで。　敬具

结尾板块	附记	記
	附录文件	1. 契約書のコピー　　1通 添付資料 （契約書のコピー　1通）
	副本抄送	C.C.　佐藤次長
	附笔	追伸　具体的な業務は我が部劉玲々副部長までご連絡お願いします。

三、中文信函格式

1. 格式

信笺抬头

标题

信函编号

收信人公司名称

收信人职务

收信人称呼：

信首寒暄语

信首客套语

正文

信尾客套语

发信人公司名称

发信人职务

发信人姓名（签名）

发信人公司公章

发信时间

发信地点

附件：

抄送：

附笔：

这是较为规范的，也是最常用的中文商贸信函格式。本书采用这种格式作为中文信函的标准格式。

2. 实例

开头板块	信笺抬头	**上海国际贸易公司** **Shanghai International Trade Corporation, Shanghai, China**
	信函标题	**关于电子词典迟交货事宜**
	信函编号	函号：（2021）沪贸【设采字】第 001 号
	收信人公司、部门 收信人称呼、职务	五菱商事销售二部 田中部长：
正文板块	信首寒暄语 信首客套语	仲春时节，祝贵公司繁荣昌盛！
	正文	为供新学期使用，我公司于去年 12 月 15 日向贵公司订购了电子词典。现交货期 2 月 15 日已经过去，我公司仍未收到该批货物。 新学期已经开学一个月，请贵公司迅速调查并发货。
	信尾客套语	特此致函，急办为荷。
结尾板块	发信人公司 发信人部门、职务 发信人签名、盖章	上海国际贸易公司 设备部部长 李辉（签章）
	发信日期 发信地点	2021 年 3 月 25 日 于上海
	附件	附件：合同复印件 1 份（附后）
	副本抄送	抄送：佐藤副部长
	附笔	附笔：具体业务请与我部刘玲玲副部长联系。

第三节　电子函电的格式

一、电子邮件的格式

为方便使用，各大网络平台的电子邮箱页面设计颇具共性。本小节以新浪邮箱为例介绍电子邮箱的功能及电子邮件的构件和格式。

电子邮箱中有"收件夹""星标邮件""草稿夹""已发送""订阅邮件""垃圾邮件""已删除"等一系列导航栏目，还有储存文件、检索等功能，方便用户整理邮件、附件等。

各大网站的电子邮箱基本免费，在使用宽带或无线网络时，发送电子邮件不产生额外的通信费，所以发送电子邮件时可以不必在意正文的字数多少，还可以使用电子邮件传输图片、音频、视频等文件，沟通、协商任何事项都很方便。当然，为方便收信人分类储存，发送电子邮件时，最好一事一封，简练明确，每封的字数、段落都不要太多，基本遵循信函的写作原则。

在发信时，用户只要按照页面中的提示填写具体内容，即可形成邮件。只要点击鼠标，即可通过网络实现实时传递。

由于具备上述优点，电子邮件已经成为当今国际贸易领域中最便捷、最常用、最可靠的通信手段。

1. 电子邮箱页面

(1) 发信页面

发送　存草稿　取消	
发件人：	抄送　密送　使用群发单显
收件人：	
抄送：	
密送：	
主题：	
添加附件　超大附件　网盘附件	
编辑功能提示	

收信人称呼 信首客套语 正文 信尾客套语 发信人姓名 发信人职务 发信人公司名称 发信人公司地址 发信人电话号码、手机号码
保存到“已发送”　紧急　回执　定时发信　　　签名

(2) **收信页面**

回复　回复全部　转发　删除　举报　移动　标记　更多　上一封　下一封
标题
发件人：
时间：
收件人：
抄送：
大小：
收信人称呼 信首客套语 正文 信尾客套语 发信人姓名 发信人职务

发信人公司名称 发信人公司地址 发信人电话号码、手机号码
快速回复给：

(3) 回信页面

发送 存草稿 取消	
发件人：	抄送 密送 使用群发单显
收件人：	
主题： 回复：	
添加附件 超大附件 网盘附件	
编辑功能提示	
原始邮件	
回复内容： 收信人称呼 信首客套语 正文 信尾客套语 发信人姓名 发信人职务 发信人公司名称 发信人公司地址 发信人电话号码、手机号码	
保存到“已发送” 紧急 回执 定时发信	签名

由于国际贸易业务的普及和效率原则的影响，目前电子邮件中正文板块的中、英、日文格式日渐趋同，甚至已经统一为英文信函中的开放标点平头式格式，并用换行、空行区分段落。

2. 电子邮件发信格式实例

(1) 英文

发件人：hans.felder@enviro.de
收件人：YYY@yahoo.cn
抄送：ZZZ@qq.com
密送：HHH@sina.cn
主题：Sika Thermal Electricity Project
附件：
Dear Mr. Tian, We are very pleased to hear that all your efforts have been rewarded with a contract for 2 x 600MW WESP for the Sika Thermal Electricity Project at last. I'm writing to congratulate you and the entire team on your success. Maybe this is a good starting point to go ahead with the training of your technical team. Best wishes to you all that this will be the breakthrough for a continuing flow of contracts. We are at your disposal for any immediate support/assistance or in need of clarification. Dr. Hans Felder ENVIRO GmbH Ruhrallee 18 45436 Essen Phone:+49 201 63 482 688 Fax:+49 201 63 482 688 E-mail: hans.felder@enviro.de Web:www.envirotherm.de

(2) 日文

发件人：nakazato-t@yahoo.jp
收件人：YYY@yahoo.cn
抄送：ZZZ@qq.com
密送：XXX@sina.cn
主题：上海訪問の件
附件：上海滞在スケジュール
田　様 いつもお世話になっております。 さて、5月4—6日まで上海を訪問することが、ついさきまで行われていた取締役会において決定されました。 上海滞在中、ついでに老人病院の件についてお話をお伺いしたいと思いますので、その時、田様は上海にいらっしゃるならば、ぜひともお会いしたいと存じます。 スケジュールを添付いたしますので、差し支えないようでしたら、ぜひ時間をとっておいてくださるようお願いします。 とりあえずご一報まで。 以上 中里隆夫 大阪医学（株）北京事務所 中国北京市朝陽区東三環中路50号発展大厦XXXX号室 郵便番号：XXXXXX 電話番号：+86-10-XXXXXXXX 携帯電話：+86-1380XXXXXXX E-メール：nakazato-t@yahoo.jp

(3) 中文

发件人：lihui-SITC@sina.cn
收件人：YYY@yahoo.jp
抄送：ZZZ@qq.com
密送：XXX@sina.cn
主题：货物破损的通知
附件：相关图片及检验报告
中村部长： 非常感谢贵公司的合作！ 今天上午，我处收到贵公司发来的 CONT. NO. CJOD-2021-088 号合同项下教学实验设备共计20箱。 经检验发现，第17箱包装破损，开箱后发现箱内设备壳体凹陷。 附件中附上破损照片和检验机构出具的检验报告，请查收。 特此通知。 设备部　部长 李辉 上海国际贸易公司 中国上海市黄浦区南京路200号 邮编：XXXXXX 电话：+86-21-XXXXXXXX 手机：+86-180XXXXXXXX 电邮：lihui-SITC@sina.cn

从以上实例中可以看出，电子邮件的特点是简洁，一般采取平头式，段落比较短，主要靠换行、空行表示分段。

电子邮件的一个局限是没有签字和盖章的地方。虽然发信人可以通过电子邮件的附件发去信函正本的扫描件、照片等，但那毕竟不是纸质原件。因此，在实际操作中，对于十分重要的信函或证据等，发信人可在发送电子邮件后用快递等形式将信函正本寄送给收信人。

互联网的发展以及人们追求便捷的愿望和努力，使电子邮件格式与传统信函格式发生了以下一些变化：

1. 构件形式、种类、数量、位置趋同；

2. 开头板块趋同，但电子邮件开头板块中的大部分构件由网络平台提供格式；

3. 各语种的电子邮件格式趋同，因而分别与自身传统的信函格式发生偏离。

值得关注的是，QQ、微信等通信软件因其简便性和实时性，在国际贸易通信中发挥着越来越重要的作用。

这类通信软件原则上没有任何格式要求，可以进行实时的文字对话、语音对讲、视频对话以及视频会议，还可以传递表格、图像、视频等各种附件，很受用户欢迎。如果未来能从法律的高度赋予这类通信记录以正式的法庭证据地位，国际贸易的通信方式势必发生实质性变化。

二、传真的格式

传真（fax，facsimile，ファックス，ファクシミリ）是使用传真机先把文件扫描下来再通过电话线路传输出去的通信方式。通信双方均有专用传真机并连接在专用电话线路上，只要插入需要传送的文件，拨通对方用于传真的电话号码，就可以进行传输，并可将文件存储在设备中，以备随时打印。

尽管传真也受到了网络电子通信方式的挤压，但由于传真与其他电子设备的结合度较高，沟通功能、传递速度、内容容量、便利程度等远优于电报、电传和邮寄信函等通信方式，现在仍在一定程度上用于国际贸易通信。

值得一提的是，日本是传真机的发明国，日本人也非常习惯于使用传真机，因而传真机在日本的使用率远高于其他国家和地区。

传真可以直接传送打印、签署好的信函，对格式没有专门要求。但是，传真是实时的书面传递方式，按传输时占用电话线路的时间收费。为了节省传输时间，需要让文字尽量紧凑，减少传真页数，因此一般的业务联络有时也会省略一些不必要的信函构件或改变构件的形状或位置，把信函内容书写在一页纸上。这样的实际操作，对传真格式产生了一定的影响。

比较典型的传真格式实例如下[①]。

1. 国际贸易信函的传真格式实例（英文）

<table>
<tr><td colspan="2" align="center">上海国际贸易公司
<u>Shanghai International Trade Corporation, Shanghai, China</u></td></tr>
<tr><td>To:
Manager, Sales Division, Itsubishi Corporation</td><td>From:
Director, Equipment Division, Shanghai International Trade Corporation</td></tr>
<tr><td>Attention:(Mr.) Michio Tanaka</td><td>(Mr.) Li Hui</td></tr>
<tr><td>Tel.: 0081-3-xxxxxxxx
Fax: 0081-3-xxxxxxxx
Mobile: 0081-90-xxxxxxxx</td><td>Tel.: 86-21-xxxxxxxx
Fax: 86-21-xxxxxxxx
Mobile: 86-xxxxxxxxxxx</td></tr>
<tr><td>CC: Mr. Hiroshi Yamada</td><td>Ref. No. (2021)HUMAO-E-P-002</td></tr>
<tr><td></td><td>Date: 26th March, 2021</td></tr>
<tr><td colspan="2" align="center">Ordinary ☑　Urgent ☐　Please Reply ☐　Others ☐</td></tr>
</table>

① 编著者在工作中实际使用的格式。

Dear Sirs,

Subject: Reference Information

In reply to your letter of Jan. 20, we refer you to Messrs. New Star & Co., Ltd. Shanghai and The Bank of China, Shanghai Branch, who will be pleased to give you the information you require.

Yours Faithfully,
(Mr.) Li Hui

P.S. The photo is submitted by NS company.

2. 国际贸易信函的传真格式实例(日文)

上海国際貿易公司
Shanghai International Trade Corporation, Shanghai, China

受信者	発信者
五菱（株）　販売部　御中	上海国際貿易公司　設備部　部長
担当者：田中　殿	李　輝（署名）
電話：0081-3-xxxxxxxx ファックス：0081-3-xxxxxxxx 携帯電話：0081-90-xxxxxxxx	電話：86-21-xxxxxxxx ファックス：86-21-xxxxxxxx 携帯電話：86-xxxxxxxxxxx
コピー：山田宏　様	参照番号：（2021）滬貿—設—調—002
	日付：2021年3月26日

普通☑　至急☐　要返事☐　その他☐

参考情報提供の件

拝啓　1月20日のお手紙にお応えして、当社は新星公司と中国銀行上海支店をお知らせします。両社ともご要求の情報を喜んで提供してくれるでしょう。

敬具

追伸：写真はNS社より提供されたものです。

3. 国际贸易信函的传真格式实例（中文）

上海国际贸易公司 Shanghai International Trade Corporation, Shanghai, China	
致： 五菱公司 销售部 经理	自： 上海国际贸易公司 设备部 部长
收信人：田中道夫先生	李辉（先生）
电话：0081-3-xxxxxxxx 传真：0081-3-xxxxxxxx 手机：0081-90-xxxxxxxx	电话：86-21-xxxxxxxx 传真：86-21-xxxxxxxx 手机：86-xxxxxxxxxxx
C.C. 山田宏先生	函号：（2021）沪贸【设采字】第002号
	发信日期：2021年3月26日
普通☑　紧急☐　请回复☐　其他☐	

提供参考信息事宜

田中先生：

贵公司1月20日函收悉，现复如下。

我公司提供上海新星公司和中国银行上海分行供贵公司联系。上述两公司将乐意向贵公司提供贵公司所需的有关信息。

顺颂商祺！

李辉（先生）

附笔：照片由NS公司提供。

在长期的实践中，中英日各语种信函的传真格式互相影响，不断趋同，为了高效利用纸面空间，每个发信人都可能设计出富有个性的格式。但万变不离其宗，只要使用“To（御中（おんちゅう），致）”“From（発（はつ），自）”或“発信者（はっしんしゃ）（发信人）”“受信者（じゅしんしゃ）”（收信人）之类的字样，并且符合一般习惯，不论哪种语言的传真格式，都不必拘泥于收信人信息栏、发信人信息栏的左右位置等格式问题。

第四节　电报的格式

电报(telegram，電報)在电子邮件等网络通信手段出现之前已经使用了一百多年，是书面电子通信方式的元老。

电报是利用莫尔斯电码通过无线电波传递信息的通信手段。电报的使用过程如下：发信人将所要传递的文字内容交送发报电报局；发报电报局将内容译成莫尔斯电码，通过发报机定向发往收报电报局；收报电报局将收到的莫尔斯电码回译成文字内容后投递给收信人。

电报需要专门的机构处理，一般是以字数、字母数、阿拉伯数字以及各种符号的数目为单位计价，成本较高。这就要求用户能够以尽量精练的语言准确地传递信息。

国际贸易中常用的英文电报一般分为加急电报、普通电报和信函电报三种。

加急电报(至急電報，urgent telegram，“UT”)是标有“URGENT”(加急)字样，当天发送当天投递的快速电报，速度最快，收费也最贵。加急电报一般允许使用缩略语、暗语等以减少字数。

普通电报(通常電報，ordinary telegram，“OT”)是没有任何标注字样，通常上午接报则当天投递，下午、晚上接报则第二天投递的电报，速度比加急电报慢，收费也较加急电报低廉。普通电报既可以使用缩略语、暗语等，也可以使用一般语言。

信函电报(書信電報，letter telegram，“LT”)是标有“LT”(信函电报)字样，速度与普通电报一样的电报。信函电报不允许使用暗语，只能使用一般语言和缩略语。这种电报收费最便宜，电文可以长一些(一般可达到20个词的长度)，投递速度也与普通电报一样，因而经常被当作普通电报的替代手段。

电报受到费用成本的影响，对字数有限制，一般都采用极为简练的语言表达方式，格式也很简单。

一、英文电报

英文电报用大写字母书写，以字母、阿拉伯数字和符号组成的“词”为收费单位，具体计算方法如下。

1. 一个普通词最多可容纳15个字母，冠词、介词等词语再短也算一个词。如 telegraphically 是一个词，by cable 则是两个词。

2. 一个缩写词、符号词最多可容纳5个字母，如 B/L、C.I.F 算一个词。

3. 任意改变和连接英语单词、词组或句子算暗语，最多5个字母即为一个词，如把 specification sheet 简化成 specsheet，就算两个词。

4. 收报人地址所用固有名词哪怕再长或有间隔，也算一个词。如 San Francisco 即算一个词。但船舶、飞机航班、列车等的名称，不论在地址里还是在正文里，都是15个字母以内算一个词。

5. 5个阿拉伯数字算一个词。

此外，为了节省费用，电报使用率高的用户一般都会在电报局登记注册一个专用地址缩写，称为电报挂号（cable address，ケーブル・アドレス）。如把上海国际贸易公司注册成“INTERTRADE SHANGHAI”，那么只要国外来的电报地址写的是这个略称，电报局就会自动把电报投递到上海国际贸易公司。在大量使用电报的年代，电报挂号甚至成为一些公司或单位的代号。

以下是一些英文电文的实例。

例1

原文：Please send 500 units of model HUAWEI X40 PRO mobile phones immediately as our stocks are running low.

电文：PLEASE SEND 500 HW X40 PRO MOBILE PHONES IMMEDIATELY STOCKS LOW

例2

原文：Please cable if you agree to a 10 percent discount on 500 units of HUAWEI X40 PRO mobile phones.

电文：PLEASE CABLE IF AGREE TENPERCENT DISCOUNT 500 HW X40 PRO PHONES

由上述例子可知，在不影响解读的前提下，英文电文中的系动词、连词、介词、冠词、代词、复合词等非中心构词成分以及标点符号均可省略。在起草英文电报时，应把最重要的信息提取出来，改变顺序，重新组合成电报的表达方式。

在发英文电报时应在减少词数、节约成本方面下功夫，但不应为了节省费用而过分省略，以致表述不清，令人费解，无法达到沟通的目的。

由于字数限制，英文电报的格式很简单，举加急电报为例：

URGENT	（标注字样）
INTERTRADE SHANGHAI	（收报人缩写）
OPEN L/C TELEGRAPHICALLY	（正文）
ITSUBISHI	（发报人缩写）

这份加急电报，全文共7个词，标注字样、收报人和发报人就占去了4个，正文只占3个。由此可见，重要的是如何以最少的字数起草可解读的电文，从而进行有效的沟通。

二、日文电报

日文电报有普通电报（通常電報（つうじょうでんぽう））、加急固定电文电报（緊急定文電報（きんきゅうていぶんでんぽう））和其他无线电报（その他無線電報（たむせんでんぽう））三种。根据日本相关法律规定，每种电报都有规定的投递时间和使用文字。

不论哪种电报，都有汉字、假名和英文三种书写形式，每种形式有各自的收费标准。汉字、假名以25字为基本收费单位，每超5个字加一档收费。英文以10个字母为一个收费单位；“%”算3个字母，“‰”计作4个字母，混写在汉字或假名电报中亦然。另外，除浊音、半浊音、空格不计费外，片假名长音符号、标点符号及其他各种符号均计费。

加急固定电文电报必须使用电报局提供的固定电文，发信人只能选用而不能更改或自行起草。电报局编制了典型电文手册，针对不同的沟通目的，分门别类地列出了各种加急固定电文，供客户选用。

以下是一些日文电文的实例。

例 1

原文：弊社在庫が減少しているので、HUAWEI X40 PRO の携帯電話を 500 台至急送ってください。

电文：在庫減少のため HW X40 PRO 携帯電話500台至急納品せよ

例 2

原文：500 台の HUAWEI X40 PRO の携帯電話について、10 パーセント値引きしていただけるかどうか至急電報でお知らせください。

电文：HW X40 PRO 携帯電話500台を 10 パーセント値引きできるか至急打電せよ

从上述例子可见，在可解读的前提下，日文电文中的助词、助动词、敬体、敬语及英语词的部分字母等都可以省略，一些训读的日本固有词汇也可以用简练的汉字词汇代替。

与英文电报同样，在发日文电报时应该下功夫简化表达、缩减字数以节约成本，但不应过度省略，以致词不达意，无法解读，无法达到沟通的目的。

日文电报同英文电报一样，由于受字数限制，格式较为简单，举普通电报为例：

INTERTRADE SHANGHAI	（收报人缩写）
電報で L/C 開設せよ	（正文）
五菱	（发报人缩写）

由于日文电报以25个字为基本收费单位，因此只要将字数控制在25个字内，不必过分压缩字数。

三、中文电报

中文电报有国际电报和国内电报、普通电报和加急电报两种分类。国际电报是在中国和其他国家或地区之间相互收发的电报，国内电报是国内各地之间相互收发的电报。普通电报是投递较慢的电报，加急电报是投递较快的电报。中文电报的收费方法如下。

1. 中文以汉字为收费单位（港澳电报费以人民币计价）。

2. 英文每5个字母（包括阿拉伯数字、标点符号、其他符号）为一个收费单位，混写在汉字中亦然。

3. 各类电报都有规定的起算字数（一般以10个汉字为最低收费起算基准），不足起算字数的按规定的起算字数收费。

4. 在收费标准上，国际电报高于国内电报，加急电报高于普通电报。

既然是根据字数收费，草拟电文时就要尽量减少字数，节约成本。

以下是一些中文电文的实例。

例1

原文：由于本公司库存减少，请尽快发来 HUAWEI X40 PRO 手机500部。

电文：库存少速发 HW X40 PRO 手机500部

例2

原文：请尽快用电报告知我方 HUAWEI X40 PRO 手机500部能否降价10%。

电文：速电告500HW X40 PRO 手机可否九折

由上述例子可知，省略是中文电文的主要减字手段。当然，在实际操作中还有重新组句等其他提炼手段。

在中文电报中，应以表意清楚为原则，不能因过度省略或重新组句而严重打乱中文语序，以致词不达意，造成误读，影响沟通效果。

中文电报的格式也不复杂，举加急电报为例：

加急	（标注字样）
沪贸	（收报人缩写）
速电开 L/C	（正文）
五菱	（发报人缩写）

在今天看来，与传真、电子邮件等电子通信手段相比，电报有四大缺陷：第一，业务流程长，发、收两头都需要人工传递，耗费时间；第二，内容被第三方人员知晓，不利于保密；第三，费用高；第四，字数少，不适合表述复杂事项，而且容易省略过度，引起误解，影响沟通效果。

尽管现在各国的电报业务都延伸出很多服务，但除了特殊领域外，电报已经很少用于国际贸易业务通信。即使绞尽脑汁提供附加服务，电报局也由于业务量锐减而面临倒闭的命运。

2017年6月15日，北京电报大楼这个曾经的全国电报业务的枢纽和中心关闭了电报业务，将这一业务迁至另地办理。这标志着随着电子邮件等其他电子通信方式的兴盛，电报这个古老的电子通信方式已经退出了中国乃至世界的主流电子通信领域。

然而，我们不能忘记在没有网络的时代，电报曾经是最快捷的国际贸易通信方式，为整个二十世纪的国际贸易通信做出了不可磨灭的贡献。

第五节 电传的格式

电传（telex，テレックス）是发电人通过在电信局设置的专号用自备电传机发出电文，收电人通过在电信局设置的专号用自备电传机接收电文的电子通信方式。由于沟通双方都在电信局设有专号，发电人在发送电文时只要在电文的开头打上收电人的专号，就能直接与收电人通信。电传机有自动接收功能，即使收电人不在收电现场，电传机也能打印出电文，收电人只要撕下打印好的电文纸就能直接阅读。

电传利用海底电缆进行传输，以占用电缆的时间为单位收费。电文长，使用电缆时间久，收费就多；电文短，使用电缆时间短，收费就少。所以，在草拟电传电文时，一方面要像草拟电报一样尽量简练，缩减文字、符号的数量，另一方面还要注意减少空格，以最大限度缩短电文传输时间，达到节约成本的目的。

为此，在双方可解读的前提下，英文电传电文要尽量减少字数，能省则省，能缩写就缩写。遵循的原则如下。

1. 能用符号的不用单词，如用 % 代替 percent。

2. 能用阿拉伯数字的不用英文字母。

3. 如果能够表达清楚，则介词、冠词等可以不用。

4. 尽量使用缩略语。常用的缩略语有：

ABT=about，ACPT=accept，ARR=arrive，CFM=confirm，CONT=contract，GOV=government，DOC=document，COMN=commission，INV=invoice，MIN=minimum，PLS=please，MFT=manufacture，RQ=request，SHPT=shipment，WHZ=whether，SPEC=specification，UNAVLBL=unavailable，YR=your 等。

5. 沟通双方可以约定并使用彼此能解读的缩写词，以减少词数，缩短通信时间。

例1

原文：Please send 500 units of model HUAWEI X40 PRO mobile phones immediately as our stocks are running low.

电报电文：PLEASE SEND 500 HW X40 PRO MOBILE PHONES IMMEDIATELY STOCKS LOW

电传电文：PLS SEND 500 HW PRO40 PHONES URGENTLY STOCK LOW

例2

原文：Please cable us the reason why the shipment is delayed.

电报电文：CABLE WHY SHIPMENT DELAYED

电传电文：TLX WHY SHPT DLYD

电传的格式是顶头写收电人代码，接着写收电人称呼、正文和发电人代码。

ITBSH, MR YAMAMOTO, PLS SEND 500 HW PRO40 PHONES URGENTLY STOCK LOW. INTERTRADE SHANGHAI

日文电传电文一般不使用汉字或假名，而采用表音的罗马字，或采用英文缩写和马字混用的方法，遵循的原则如下：

1. 尽量省略助词、助动词、敬体、敬语等；
2. 电文较长时可使用标点符号；
3. 可以混用英语缩写词。

例1

原文：弊社在庫が減少しているので、HUAWEI X40 PROの携帯電話を500台至急送ってください。

电报电文：在庫減少のためHW X40 PRO携帯電話500台至急納品せよ

电传电文：ZAIKO GENSHOU, SHIKYUU HW X40 PRO KEITAI 500DAI NOUHIN KOU

（在庫減少、至急HW X40 PRO携帯500台納品乞う）

例2

原文：500台のHUAWEI X40 PROの携帯電話について、10パーセント値引きしていただけるかどうか至急電報でお知らせください。

电报电文：HW X40 PRO携帯電話500台を10パーセント値引きできるか至急打電せよ

电传电文：HW X40 PRO KEITAI 500DAI NITUKI 10% DSCT DEKIRUKA SIKYUU DADEN SEYO

（HW X40 PRO携帯500台につき10%値引きできるか至急打電せよ）

中文、日文电传的格式与英文电传基本一致，这里不再赘述。

从以上英文和日文电传的例子可见，缩略语的使用使电传电文的意思难以一目了然。电文几乎不讲究构件的形状，也并不要求一定要使用某些构件，格式非常简单。

受到传真以及网络电子通信手段的冲击，除特殊需要外，当今国际贸易中一般不再使用电传这种通信方式。

本书保留关于电报、电传的内容，一是为了使读者了解国际商贸实务中电子通信手段的演变过程，将其作为一种知识介绍给读者；二是为了纪念现已不再使用，但曾经为国际商贸通信立过汗马功劳的这两种电子通信手段。

我们从上述各种函电格式，尤其是信函的格式及实例中可以看出，已定型的固定格式固然完整，但函电的某些构件及其内容并非每份函电都会用到，如果拘泥于格式，很容易陷入教条主义而不利于高效沟通。

因此，根据所沟通事项或问题的性质及重要程度、沟通的正式程度、与对方的熟悉程度、双方对业务的理解和把握程度、时间是否允许、成本如何以及其他实际情况，在实际操作中，可以在信函中省略某些构件或改变其位置、书写形状（即改变格式）。在电子邮件等沟通对象明确的函电中，那些形式性较强的构件或构件中形式性较强的内容通常会被省略。省略部分构件之后会形成更加实用、更加高效的简单格式。

第三章　函电正文的写作要领

为了充分发挥函电的沟通功能，达到函电的沟通目的，起草函电正文时应牢记以下写作原则和结构。

第一节　函电正文的写作原则

一、简洁高效

国际商贸函电以沟通和解决问题为目的，简洁高效（簡潔で能率的に）是国际商贸函电写作的核心要点，即以最少的字数沟通最多的内容，达到最佳的沟通效果。所以不论是中英日哪个语种的函电，都应开门见山、直接切入主题。

日文函电通常会省略寒暄语等，以“前略”开头，直接进入正文，切入主题，也可以略做铺垫，说明发信原委，避免唐突。中、英文函电通常也是尽量省略客套语，视需要略做铺垫，简单说明发信原因，尽快切入主题。所以，视需要略做铺垫，尽快切入主题，是中英日函电的共同做法。

正如“时间就是金钱”“效率就是生命”所表述的那样，在商务和贸易的世界里，时间和效率都是极其宝贵的。说话简单明了、处理问题稳准快、做事简洁高效、最大限度地降低成本和风险是商场的做事原则。因此，作为商贸领域的应用文，函电写作也追求简洁高效。无论是中英日哪个语种的函电，叙述时应能省则省，可不说的不说，谋篇时应抓住要点，有序归纳，把要沟通的内容整理清楚，在字数上有所控制，尽量写在一页纸上，切忌表述啰嗦、条理不清、冗长拖沓、主题不明。

以下是一些违背简明高效原则的国际商贸函电实例。

日文：

拝啓　貴引き合いに対して、当社はいろいろと困難をいとわず、2月4日に返事いたしました。その時、私は社内で手配した結果、当社の家電製品を詳しく説明したカタログを同封いたしました。この経緯は貴社の御存じのところでございます。しかし、それ以来、貴社から何もご連絡がございませんので、当社の製品についてお考え下さることがありましたかどうかわかりません。よって伺いたく存じます。当社は貴社のお役に立ちたく、貴社の御返事がいただければありがたく存じます。

敬具

英文：

Dear Sirs,

In reply to your inquiry, I have overcome all the difficulties in our company and give you the reply on Feb. 4th. I have managed to arrange in my company and enclosed a catalog detailing our household appliances. You have known all of these. As we have not heard from you since, we would like to ask whether you have had an opportunity to consider our products. We are anxious to serve you and should be grateful for your reply.

Yours truly,

中文：

敬启者：

对贵公司的询价函，我公司克服了种种困难，于2月4日予以了回复。当时我在公司内部做了安排，随函附上了详细说明我公司家电产品的产品目录。这些贵公司都是了解的。可是后来贵公司一直未与我公司联系，我公司想知道贵公司是否考虑我公司产品。我公司愿为贵公司效力，如蒙贵公司回复，不胜感激。

敬上

以上三篇函电的正文，内容杂乱，要点不突出；语言啰唆，冲淡了主题。比如自己公司内部的工作和安排不必多言，尤其是"この経緯は貴社の御存じのところでございます"（"You have known all of these""这些贵公司都是了解的"）纯属多余。正文想表达的要点是什么？中心思想是什么？要解决什么问题？阅读之后，并不能很快得到答案，需要花时间剥去原文中与主题、要点无关的话语，重新提炼。这样的正文不但降低了沟通效率，削弱了沟通效果，还给收信人留下了发信人啰唆而不得要领的印象，不利于今后的合作。

建议改为如下写法。

日文：

拝啓　2月4日に貴引き合いに御返事し、当社の家電製品の詳細を説明したカタログをお送りいたしました。それ以来、ご連絡がございませんので、当社の製品についてお考え下さることがあったかどうか伺いたく存じます。当社はお役に立ちたく、御返事がいただければありがたく存じます。 敬具

英文：

Dear Sirs, In reply to your inquiry, we sent you a catalog detailing our household appliances on Feb. 4th. As we have not heard from you since, we would like to ask whether you have had an opportunity to consider our products. We are anxious to serve you and should be grateful for your reply. Yours truly,

中文：

> 敬启者：
>
> 2月4日，我公司回复了贵公司的询价函，寄送了详细说明我公司家电产品的产品目录。但后来贵公司一直未与我公司联系，我公司想知道贵公司是否考虑我公司产品。我公司愿为贵公司效力，如蒙回复，不胜感激。
>
> 敬上

二、以对方为本

一般来说，日文函电会细心考虑与对方的人际关系，把重点放在对外关系上。而英文函电则更加注重内容本身，会考虑整封函电的文章结构、叙述顺序和方式。中文函电则介乎两者之间。

在商务、贸易的世界里，任何人和公司都会站在自身利益的立场上说话、办事、想问题，所以自然也会站在自己的立场上起草商贸函电。然而，内容过于利己的函电往往很难为对方所接受，事情也就很难办成。这是一个矛盾。

那么，如何才能解决这个矛盾，让对方接受自己的提议，办成事情呢？在起草函电时，除了要贯彻简洁高效的原则之外，还需要换位思考，遵循以对方为本(相手本位（あいてほんい）)的原则。也就是说，除了处理纠纷等特殊的函电外，起草函电时要善于站在对方的立场上，考虑对方的利益，使对方接受己方函电的说法。

当然，考虑对方利益并不是说要无条件地接受对方的条件，关键在于协调好双方的利益，达成共识。做不到这一点，函电的沟通目的就很难达到，有时甚至还会适得其反。

以下是一些实例。

日文：

拜啓　8月16日に発効した、当社全製品の値引きに関する新しい詳細価格表は、すでに受け取られたことと存じます。

同じ値下げは他の市場でもなされ、その実績がはるかに予想を超えましたので、在庫が急激になくなっていっております。当社はフルスピードで生産しておりますが、異常な需要ペースに追い付けないかもしれませんし、少々の船積み遅延が間もなく避けられなくなるでしょう。

ご再注文が間もなくされるかと存じます。もしそうでしたら、いますぐ御注文いただきたく存じます。メールで御返事くだされば、在庫からの直積みが保証できると存じます。

敬具

英文：

Dear Sirs,

You would have received our new price list giving details of a price reduction for all our products, which came into effect on Aug. 16th.

The same reduction was made in other markets, and the result has exceeded expectations so greatly that our inventories are declining sharply. Although we are producing at full speed, we may be unable to keep pace with exceptional demand, and a slight delay in dispatch may soon become unavoidable.

You may probably reorder shortly. If so, would you please place your order now? If you mail me your reply, we can guarantee direct delivery from our stock.

Yours truly,

中文：

敬启者：

我公司所有产品的降价已于8月16日生效，想必贵公司已经收到新的详细价格表。

> 我公司在其他市场也进行了同样的降价，实际订货远超我公司预料，导致我公司库存急剧减少。尽管我公司已经开足马力进行生产，但恐难以满足意外激增的巨大需求，也许不久后将难以避免交货时间推迟。
>
> 贵公司大概很快就会再次订货。果若如此，则请贵公司现在立即订货。如蒙贵公司电邮回复，我公司即可保证从库存中直接交货。
>
> 敬上

这样的函电一方面站在为对方着想的立场上告知对方库存减少的相关信息，为保证自身的交货期提前采取了行动，另一方面起到了诱导对方订货的作用，可以收到一箭双雕的功效。

三、“AIDA”原则

除了上述两条原则外，在起草具体的国际商贸函电时，还应时刻把“AIDA”原则放在心上。这条重要原则由四个部分组成。

首先要能引起对方的注意（Attention），让对方关注函电所述事项。然后，函电的内容必须引起对方的兴趣（Interest）。函电中说的事情再好，对方没有兴趣，不愿意读，便无法达到沟通的目的。所以，起草国际商贸函电时，引起对方的注意和兴趣是非常重要的。

仅仅做到以上两点还不够，还要进一步设法让对方产生想要购买你推荐的产品，愿意按照你的建议办事的欲求（Desire）。最后，对方只是产生了欲求还不够，还必须落实到行动（Action），即要通过函电使对方接受你的方案，承诺购买或产生实际的购买行为。

这项原则也是执行“以对方为本”原则的一项具体措施。第二小节的实例中也体现了“AIDA”原则。

以下是一些实例。

日文：

拜啓　ソースの分野で、「老干媽」という中国のラー油は非常に長い間味の神様だと思われてまいりました。その評判は味わう人によって広がっております。

中国の「老干媽」というラー油は、当社の工場から世界中に最上の品質で提供しておりますし、品質は世界のどこでも完全に保たれることが保証されております。

同封の価格表をご参照ください。初注文には特別な優遇条件を付与させていただくこともできます。引渡しはご注文後 2 週間以内にできます。

早急に御返事をいただきたく存じます。　敬具

英文：

Dear Sirs,

In the field of sauce, Chinese chili sauce “Old Godmother” has been considered as the god of taste for quite a long time. Its reputation is spread by everyone who tasted it.

Our factory provides people all over the world with chili sauce “Old Godmother” of top-quality and guarantees to maintain its quality in any part of the world.

Please refer to the enclosed price list. The first order can enjoy our special preferential terms. Delivery can be made within two weeks after we receive your order.

We look forward to hearing from you soon.

Yours sincerely,

中文：

敬启者：

在酱料领域，中国辣椒酱“老干妈”长久以来一直被誉为神品。品尝者的口口相传使“老干妈”广受好评。

> 我公司工厂以顶级品质向全世界提供中国辣椒酱“老干妈”，并保证在世界各地均能完全保持其品质。
>
> 谨请参阅随函寄送的价格表。首次订货可尊享我公司特别优惠条件。订货后2周之内可以交货。
>
> 速复为荷。
>
> 敬上

这是一封食品推销函，首先就用食品的名称及品牌、知名度、好评等要素全方位吸引对方的注意，再以质量、销售范围等要素进一步引起对方的兴趣，接着又以热情的服务（提供价格表）、特别的优惠和及时的交货期等要素挑起对方的采购欲望，最后以诚恳的盼望等待对方的行动。

可见，“AIDA”原则在推销等市场开拓业务方面的函电的写作中特别重要。

四、“5C”原则

“5C”原则是英文国际商贸函电中通行的原则。“5C”具有一定的普遍性，也可用于中文和日文的国际商贸函电。

1. 明确（Clearance）：函电所述内容一定要态度明确、逻辑清楚，让对方一目了然，切忌含混不清、令人费解。

2. 准确（Correctness）：函电所述内容一定要准确无误、完整无缺，切忌张冠李戴、丢三落四，令人误解。

3. 简洁（Conciseness）：函电一定要简洁易懂、短小精悍，切忌冗长啰唆、令人生厌。

4. 礼貌（Courtesy）：函电的写法和措辞一定要符合礼仪、客气礼貌，切忌生硬粗鲁、鄙俗无礼。

5. 个性（Character）：函电内容应有创意，有自己独特的创新想法，着眼点要新颖，尽量给对方留下深刻印象。但切忌为了突显个性而过于标新立异，令人无法解读或难以接受。

为了使函电满足“5C”原则的要求，我们在起草国际商贸函电时需要考虑内容的逻辑和表述的顺序。比方说，是先写结论还是先写原因，强调什么，以什么顺序突出重点、展开话题，等等，这些都可以根据具体情况而定，但绝不能不考虑。

日语崇尚暧昧，叙事喜欢含蓄，往往礼貌有加、形式到位，却不够明确、简洁，再加上使用敬语、敬体，很显啰唆。这些民族心理和语言特性往往会阻碍“5C”原则的落实。日语的这些特点在国际上并不通行，所以为了避免误解和反感，在起草日文国际商贸函电时，该说清楚的话一定要明确、准确、简洁、礼貌、富于个性地表达出来，不必过于遵循暧昧含蓄、拖泥带水的日语语言习惯。起草中文或英文函电时则更没有必要囿于日语的这些习惯。

起草国际商贸函电不宜使用或多用古语文言或文学语言，不能花里胡哨，更不能逻辑混乱、拖沓无章，而应该语言质朴、逻辑清晰、表述明确、不说闲话、不提他事。这些都是落实“5C”原则，尤其是明确、准确、简洁这三条的基本做法。

以下是一些实例。

日文：

拝啓　1,200 台の HUAWEI X40 PRO 携帯電話が本日到着しました。コンテナーを開いてみましたところ、品物が 30 台不足していることが分かりました。御存知のように、当社はほんのわずかの在庫しか持っておりませんので、この品物が至急必要としております。

これは今まで貴社との取引の中で初めて生じた手落ちです。それを補うために最善を尽くしてくださるよう望みます。それ故、この手紙を受け取り次第航空便で 30 台の HUAWEI X40 PRO 携帯電話をお送りくださるようお願いします。

敬具

英文：

> Dear Sirs,
>
> 1,200 units of HUAWEI X40 PRO mobile phones arrived here today. Upon opening the container, we found a shortage of 30 units. We have, as you know, demanded these items very urgently as our inventory is running out.
>
> This is the first time in all our transactions with you that any mistake has occurred and we hope you will do your utmost to remedy it. Please, therefore, send us 30 units of HUAWEI X40 PRO mobile phones by air immediately upon receipt of this letter.
>
> Yours faithfully,

中文：

> 敬启者：
>
> 1 200部 HUAWEI X40 PRO 手机今天到货。我方打开集装箱时发现缺少30部。正如贵公司所知，我公司仅有极少量库存，急需该货。
>
> 此次是迄今交易中贵公司第一次发生错误，希望贵公司尽最大努力弥补。谨请收到本函后向我公司空运30部手机。
>
> 敬上

这是一封买方向卖方抱怨短货的函电。正文在内容方面抓住了发现短货、我方急需、要求尽快空运补足三大要点，态度明确。在表述方面逻辑清晰、表达准确。在行文方面措辞简洁，没有赘余。在礼节上彬彬有礼，并没有因为己方占理就恶语相向、粗俗无礼。相反，正文用简练的语言讲清楚了发现短货的过程和己方急需货物的原因；还讲到卖家并不常犯错误且该错误是可纠正的，给了对方台阶；最后讲清楚了解决方案和要求。这样的抱怨函电礼貌有加，犯错的一方读后会感到如果不尽快解决问题将有愧于对方。

从语言上看，最能看出行文礼貌的是日文，因为使用的是敬语和敬体。但相对来说不够简洁。英文显得比较中性，像是客观描述，虽然没有失礼的表述，但似乎比较平淡，没有特别表现出礼貌。而中文则克服了日文（敬语、敬体之累）的不足，又比英语更加礼貌（用了带有尊敬之意的“贵公司”“谨请”），完全做到了“5C”。

五、自然、坦率

国际商贸函电崇尚自然和坦率，在写法和语言上要尽量自然，不要矫揉造作，在内容上则要尽量坦率，不能顾忌所谓“面子”。尤其在表述自身过错、道歉、提要求及批评对方过错等的时候，更需要用自然的语言坦率地表达出自己内心的真实想法，避免误解，提高沟通效率。

日语崇尚礼节，在语言上难免烦琐啰唆。在讲求效率的国际商贸函电中，除了道歉、提出强人所难的请求等特殊场合，一般应避免繁文缛节，少用或不用过于烦琐的敬语表达，多用日常的自然表达。

中文和英文的国际商贸函电也一样，应尽量采用自然的语言和写法，坦率地表达自己的诉求等。比如，旧时的英文国际商贸函电中多用“We beg to advise you that...”“We beg to acknowledge receipt of your letter...”之类的句型，但如今已不太常用，不如使用日常的表达方式，带着敬意去写更好。

此外，一般函电都会为正文拟一个标题。国际商贸函电的标题崇尚简明易懂、概括性强。即使是索赔、打官司的函电，标题也应采用日常的表达方式，让人感到写信人是诚心实意的，而不要使用刻板或老套的陈旧表达方式，容易让人觉得造作而缺乏感情。

以下是一些实例。

日文：

件名：船積期日とL/C有効期限の延期依頼の件

李　殿

御注文について、L/Cを発行していただき、ありがとうございます。

港湾労働者のストライキのため、契約した船積期日までに船積みができそうにありません。申し訳ありませんが、船積期日とL/C有効期限をそれぞれ10日間延長していただけるようお願いいたします。

このL/Cの条件変更依頼をお受けくださいますようお願いいたします。

敬具

英文：

Subject: Request for extension of shipment and L/C expiry date

Dear Mr. Li,

Thank you very much for opening the L/C for your order.

Because of a strike by dockers, we will be unable to ship your goods within the delivery date stipulated in the contract. We are sorry for this inconvenience, but we ask you for a 10-day extension of the shipping date and the validity of the L/C respectively.

Please accept our request for amendment of the L/C.

Sincerely,

中文：

标题：关于请求延长交货期和信用证有效期事宜

尊敬的李先生：

非常感谢贵公司为订货开具了信用证！

由于码头工人罢工，我公司将不可能在合同规定的交货期内装船。谨请贵公司将交货期和信用证有效期分别延长10天。我公司深表歉意！

谨请接受此次修改信用证的请求。

敬上

卖方遇到了不可抗力，无法在合同规定的期限内交货，信用证有效期也将不够。于是，卖方将相关事实（码头工人罢工）、己方的处境（无法按时交货）和请求（延长交货期和信用证有效期）自然、坦率地告知买方，以期获得谅解，使双方得以共同努力，推动合同的继续执行。

第二节　正文的结构

中国人写文章讲究"起承转合"。所谓"起"是起因，放在文章的开头，开启一篇文章；"承"是承接上文，放在开头的后面，使文章转入对事情的叙述；"转"是转折，放在对事情过程的描述后面，引出结果；"合"是文章的结尾，是对事情的议论、建议，放在文章的最后。

日本人写文章也讲究"起承転結"，"文書の書き起こしで読者を話に引き込み（起）、主題を展開し（承）、視点を変えて興味を引き（転）、全体をまとめる（結）。"与中文"起承转合"的意思相近。

然而，在国际商贸函电中，正文的写法却未必要完全刻板地照搬这一套。因为所谓"起承转合"的结构不能很好地适应前面讲的各项原则和国际商贸函电的特殊性。

国际商贸函电的宗旨是迅速高效地达到沟通的目的，讲究简洁，不尚铺陈。所以，除非特殊情况，复杂程度一般的国际商贸函电正文，通常不采用"起承转合"的四段式，而常用三段式，即开头、中间陈述和结尾。

开头的功能是叙述发信原因或所沟通事项的起因，相当于"起"或"起＋承"；中间陈述的功能是叙述事情、事项，指出问题，相当于"转"或"承＋转"；结尾的功能是针对问题提出解决方案，或向对方提出诉求，相当于"合"。

在了解这些的基础上，还需要注意几点：一、只有一个核心话题；二、用关于核心话题的语句开头；三、全文不要超过5～10句话；四、各句之间要有逻辑。

以下是一些实例。

日文：

拝啓　6月1日の貴書を受け取りました。お調べしたところ、貴クレームは明らかに誤解によるものです。もし、弊社のカタログをお調べくださったら、その中で、注文する際は、品物の名前以外に、モデル番号も明記しなければならない、と説明していることがお分かりいただけるでしょう。

この説明はそれほど明確ではなく、間違いを起こしやすいものであったかもしれないことは認めます。いずれにしても、弊社は全責任を負い、お詫び申し上げます。

本日、正しい品物を船積み致しました。間違った品物を3か月保管してくださるようお願いします。この手配が貴意にそうものと信じ、将来も一層のご注文をいただけることを切望いたします。　　　敬具

英文：

Dear Sirs,

We have received your letter of June 1st. After investigation, we found that your claim is apparently due to a misunderstanding. If you look into our catalog, you will see that we have explained that you have to state our model number in addition to the name of the article.

We admit that this explanation is not so clear as it should be and is liable to cause mistakes. At any rate we take full responsibility and offer our apologies.

We have shipped the right goods today and we shall appreciate it if you keep the wrong goods for a period of three months. We believe that this arrangement will meet your wishes and we hope to receive further orders from you in the future.

Yours faithfully,

中文：

敬启者： 　　贵公司6月1日函悉。经查，贵公司的索赔明显源于误解。如果贵公司查阅我公司的产品目录，便可了解其中说明了订货时除产品名称外还须注明型号。 　　我公司承认，也许是这项说明不够明确导致了错误。我公司将承担全部责任，特此致歉。 　　正确商品已于今日装船。请代为保管错发商品3个月。我公司相信这样的安排符合贵公司意愿，并热切希望能够收到贵公司更多订货。 敬上

第一段说收到对方函电，知道出了问题，讲了对引起问题的原因的初步判断，相当于“起”和“承”；第二段承认部分原因在于己方，表示愿意承担责任并道了歉，相当于“转”；第三段提出解决问题的措施以及向对方的请求，相当于“合”。

国际商贸函电以实用为要义。在商贸实务中，只要信息传递完整，这种已经简化了的三段式也不一定要完全恪守，函电的格式会被进一步简化，现在的中英日文函电都是如此。极端的例子是通篇函电只有一个段落甚至一句话，或更小的语言单位。

以下是一些实例。

日文：

拝復　債務を払えないことを率直にお書きくださりありがとうございます。不幸な出来事は例外です。ご要求の延期は快くお認め致します。 敬具

英文：

Dear Sirs,

Thank you for writing to us about your inability to pay your debt. We understand that the unfortunate event is an exception, and are willing to grant you the extension asked for.

Yours faithfully,

中文：

敬启者：

非常感谢贵公司坦率告知难以支付债务的情况。遇到不幸事件实属例外。我公司愿意同意贵公司提出的延期支付请求。

敬上

正文尽管只有一段，但在内容上还是可以看出起（起因）、承＋转（提出观点）、合（解决方案）的结构。在实际操作中，一句话正文也并不鲜见。就上例而言，我们可以简化为以下正文。

日文：

拝復　事情が分かりましたので、ご要求の延期は快くお認め致します。

敬具

英文：

Dear Sirs,

As we acknowledged the matter you said, we are willing to grant you the extension asked for.

Yours faithfully,

中文：

敬启者：
我公司已知悉贵公司情况，愿意同意贵公司提出的延期请求。
敬上

以上我们学习了国际商贸函电正文的写作原则和结构，了解了在写作国际商贸函电时无须面面俱到地涉及“5W+1H”[Why（原因），What（事件），Where（地点），When（时间），Who（人员），How（方法）]这六个方面。

那么，为什么国际商贸函电可以在各方面做到能省则省，很多构件都可以不用或改造后使用呢？

其原因在于，每份国际商贸函电的语境通常都是特定的，函电内容都有具体而明确的指向，针对性很强，双方对所沟通内容及函电所涉及事项都很熟悉，有共同的认知，甚至双方的人员彼此都十分了解。所有这些背景情况可以填补函电某些被省略构件的功能和所含信息。所以在起草函电时，我们往往可以直接省略相应构件，或对构件进行改造后使用，从而做到能省则省。

也就是说，即使省略或改造了函电的某些构件，或省略某些内容，如只说问题和措施，甚至只说措施，函电的沟通功能也不会受到影响，沟通效果也不会打折扣。因此，充分利用函电的语境以及双方的共同认知，以最短小的函电最高效地达到最理想的沟通目的，是国际商贸函电写作的真谛。

不过，需要注意的是，无论是中文、英文还是日文，国际商贸函电毕竟是内容和形式两者的有机统一体，有着一定的格式要求。完全不遵循格式的行为会给人以“不守规矩”的印象，这并非好事。

第四章
函电的跨语种转换（翻译）

我们已经知道，中英日文函电格式存在明显的不同。而格式上的不同主要体现在以下四点中。

1. 构件的使用：用或不用。

2. 构件的形状：如何安排书写形式；改变或不改变。

3. 构件的位置：放在哪里。

4. 标点符号的用法：用或不用；怎么用。

也就是说，不同语种函电格式不同的原因在于，有些构件不为三个语种的函电所共有；各语种函电构件的形状（书写形式）不同；相同构件在各语种函电中的位置不同；各语种标点符号的用法不同。我们在进行不同语种函电的跨语种转换（翻译）时，需要格外留意这四点不同。

让我们以前面列举的三种语言的信函常用格式实例为例，来看一下国际商贸函电具体是如何翻译的。

英文实例：

开头板块	信笺抬头	**上海国际贸易公司** **Shanghai International Trade Corporation, Shanghai, China**
	信函编号	Ref. No.（2021）HUMAO-E-P-001
	发信日期	March 25, 2021
	信内地址	ITSUBISHI CO. 1-6-2, Honmachi Shibuya-ku Tokyo, Japan
	指定处理人	Attention: Mr. Tanaka Director Second Department of Sales
	信首称呼	Dear Sirs,
	信函标题	Shipment Delay of the Order for Electronic Dictionaries
正文板块	正文	We have placed an order for electronic dictionaries for the use of the new semester on Dec. 15th last year and the delivery should be before Feb. 15th as agreed. The expiration date has already passed but we have not received the goods yet. For the new semester has begun for a month, please make an investigation and deliver the goods as soon as possible.
结尾板块	信尾客套语	Yours faithfully,
	公司签名	EQUIP. DIVISION, SITC
	签名	(Mr.) Li Hui
	识别记号	ML/ck
	附件说明	Encl. -1 copy of the Contract
	副本抄送	CC: Mr. Sato, Deputy Director
	附笔	P.S. Please contact Miss Liu Lingling, Deputy Director of our Equipment Division for details.

日文实例：

开头板块	信笺抬头	**上海国際貿易公司** **Shanghai International Trade Corporation, Shanghai, China**
	信函编号	文書番号:(2021)滬貿—設—調—001
	发信日期	発信日付：2021年3月25日
	发信地点	発 信 地：上海
	收信人公司名	五菱商事（株）
	收信人职务、称呼	販売二部長　田中　殿
	发信人公司、部门	上海国際貿易公司設備部
	发信人职务、姓名（印）	部長　李輝（印）
	信函标题	**注文品「電子辞書」船積み遅延の件**
正文板块	开头词、寒暄语	拝啓　仲春の候、貴社のますますのご隆昌のこととお喜び申し上げます。
	正文起词、事项	さて、去年12月15日付で新学期用に注文いたしました標記商品が納期の2月15日を過ぎてもまだ受け取っておらず、大変困惑しております。 新学期が始まって1ヵ月も過ぎましたので、至急ご調査の上標記商品をお送りいただけるようお願いいたします。
	结尾起词、结尾词	まずは、商品未着のご照会まで。　敬具
结尾板块	附记	記
	附录文件	1. 契約書のコピー　1通 添付資料 （契約書のコピー　1通）
	副本抄送	C.C.　佐藤次長
	附笔	追伸　具体的な業務は我が部劉玲々副部長までご連絡お願いします。

中文实例：

开头板块	信笺抬头	**上海国际贸易公司** **Shanghai International Trade Corporation, Shanghai, China**
	信函标题	**关于电子词典迟交货事宜**
	信函编号	函号：（2021）沪贸【设采字】第 001 号
	收信人公司、部门 收信人称呼、职务	五菱商事销售二部 田中部长：
正文板块	信首寒暄语 信首客套语	仲春时节，祝贵公司繁荣昌盛!
	正文	为供新学期使用，我公司于去年 12 月 15 日向贵公司订购了电子词典。现交货期 2 月 15 日已经过去，我公司仍未收到该批货物。 新学期已经开学一个月，请贵公司迅速调查并发货。
	信尾客套语	特此致函，急办为荷。
结尾板块	发信人公司 发信人部门、职务 发信人签名、盖章	上海国际贸易公司 设备部部长 李辉（签章）
	发信日期 发信地点	2021 年 3 月 25 日 于上海
	附件	附件：合同复印件 1 份（附后）
	副本抄送	抄送：佐藤副部长
	附笔	附笔：具体业务请与我部刘玲玲副部长联系。

通过比较，我们可以发现经过翻译后各语种的函电有以下几个方面的不同：

第一，构件的形状因语种不同而发生了变化；

第二，有些构件存在于某语种的函电中，而不存在于其他语种的函电中，但是可以用其他表达方式替代；

第三，同一构件在不同语种的函电中的位置发生了变化（详见下表）；

第四，标点符号的用法各语种不尽相同，尤其是英文与中、日文有比较大的差别。

这四点也恰好印证了我们对各语种国际商贸函电的格式有所不同的原因所做的分析。

表 1　中英日商贸函电构件位置差异比较表

英文函电构件	日文函电构件	中文函电构件
信笺抬头	信笺抬头	信笺抬头
信函编号	信函编号	信函标题
发信日期	发信日期	信函编号
信内地址	收信人公司名	收信人公司、部门
指定处理人	收信人职务、称呼	收信人称呼、职务
信首称呼	发信人公司、部门	信首寒暄语、信首客套语
信函标题	发信人职务、姓名	正文
正文	信函标题	信尾客套语
信尾客套语	开头词、寒暄语	发信人公司
公司签名	正文起词、事项	发信人部门、职务
签名	结尾起词、结尾词	发信人签名、盖章
识别记号	附记	发信日期
附件说明	附录文件	发信地点
副本抄送	副本抄送	附件
附笔	附笔	副本抄送
		附笔

由此可见，我们可以采取以下针对性手段完成对国际商贸函电的跨语种转换（翻译）：

1. 对不能共享的构件进行取舍，或为其找到替代表达方式；
2. 改变构件自身的形状；
3. 改变构件在函电中的位置；
4. 改变标点符号的用法。

第五章　正文相关构件实际句例

我们已经从写作和翻译的角度对国际商贸函电的构件、格式和正文写作要领做了比较详尽的叙述，在下编“国际商贸函电实例”各章节中，关于形式，我们将不再赘述，而专注于正文内容的写作与翻译。

在了解了国际商贸函电的结构和写作原则的基础上，为方便写作和翻译，本章专门摘录了一些中英日国际商贸函电中与正文相关，但下编各章节不再述及的常用实际句例，供读者参考。

第一节　开头

函电开头不能太突兀，切入主题要自然，语言表述要顺畅。这里摘录了一些外贸实战中常用的开头语句，只要对其稍做增删修改，便可应用于各种场合。

(1) 貴社と御取引きいたしたくご連絡申し上げます。

We are writing to you with a desire to open an account with you.

我公司此次联系贵公司，希望与贵公司做成交易。

(2) 当社は上海の有力な貿易会社です。

Please let us introduce ourselves as a leading trading company in Shanghai.

我公司是上海一家实力很强的贸易公司。

(3) 御社との取引を希望していることを紹介させてください。

Please allow us to express our desire to establish a business relationship with you.

请允许我公司表达与贵公司建立生意往来的期望。

(4)　ご電訳機を買いたいと思いますから、カタログと価格表をください。

We are interested in your electronic translator and shall be glad to receive your catalog and price list.

我公司拟购买贵公司的电子翻译器，请发来产品目录和价格表。

(5)　上海日本商工クラブより貴社名を教えていただきました。貴社の基本状況につきお尋ねしたく存じます。

We get to know the name of your company from Shanghai Japanese Commerce and Industry Club and would like to have basic information of your company.

我公司从上海日本商工俱乐部了解到了贵公司的名称。我公司想了解贵公司的基本情况。

(6)　新聞の広告を拝見いたしました。ついては価格表と取引条件をお知らせください。

We have seen your advertisement in the newspaper and would be glad to have your price list and your transaction terms.

我公司在报纸上见到了贵公司的广告，请发来贵公司的价格表和交易条件。

(7)　当社が新製品を発売したことをお知らせします。

You will be interested to hear that we have just started selling our new products.

我公司谨此通知贵公司，我公司已经开始了新产品的销售。

(8)　仕入れ状況好転により、次の品物を提供できるようになりました。

As the supply situation has improved, we are able to offer you the following goods.

由于供货情况好转，我公司已经可以提供以下货品。

(9)　ご新製品の詳細をお知らせくだされぱありがたく存じます。

We would appreciate it if you could give us the particulars of your new products.

如贵公司能告知新产品的详细情况，我公司将不胜感激。

(10) 7月16日の引き合いの返事として、以下のように謹んでお見積りします。

In reply to your inquiry of July 16, we are pleased to quote as follows.

为回复贵公司7月16日的询价，我公司谨做以下报价。

(11) ご要求に応じて、価格表とカタログをお送りします。

In response to your request, we are pleased to send you our price list and catalog.

为响应贵公司要求，我公司十分乐意寄送价格表和产品目录。

(12) 8月20日のお手紙大変ありがとうございます。

Many thanks for your letter of Aug. 20.

8月20日函悉，非常感谢！

(13) 新製品を発売されたことを聞いて喜んでおります。

We are very glad to hear that your new products have come onto the market.

我公司非常高兴地听说贵公司的新产品已经上市。

(14) 9月28日のお手紙を有難く受け取りました。御要求の商品の発送をお知らせします。

We are pleased to receive your letter of Sep. 28 and advise you that we have dispatched the goods you need.

贵公司9月28日函悉，非常高兴！贵公司所需商品已发送，特此告知。

第二节　中间叙述

正文的中间叙述部分是国际商贸函电的核心。能否写好这部分内容，关系到交易能否顺利进行。

那么，如何才能写好这一部分内容呢？具体的写作方法在前面的章节中已有所叙述，下编各章节还会分门别类地举例说明，我们只在这里简单说明与表示尊敬相关的一些问题。

在日语中，使用接头词“御”、改变词尾、添加助动词等方法都可以使普通表达方式变为敬语表达方式，达到表达尊敬的目的。例如，把“皆さ

んの貨物は来週送ります”变成“皆さんの御貨物は来週お送りします”，就把一般语句变成了敬语语句，表达了对对方的尊敬。

在英语中，需要通过改变句式、使用专门词语达到表达尊敬的目的。例如，“We want your acceptance” 的郑重说法是 “We would like to receive your acceptance”。如果想进一步加强郑重和尊敬的程度，可以说成 “We should be obliged if you would let us have your acceptance”。

不过，英国等英语国家并不像日本那样崇尚过于委婉、过分郑重的表达方式。相反，他们喜欢坦率直接的表达方式。因此，在用英文写作正文部分时，以使用比较郑重但直接的语言表达形式为佳。

如果是翻译，则必须考虑不同语种间的文化差异。在英译日时，过于直率的日文可能导致失礼。但在日译英时，即使译得直接一些，在英语世界里也并无不妥。

正文是本书讲解的重点所在，将在下编各章节中以讲评的方式专门论述其写作和翻译，此处不再铺开详述。

第三节　结尾

函电的结尾语句往往是自身意志的强烈表现，意在敦促对方做出某种行动，指示性和目的性都很强。为了达到函电的沟通目的，结尾语句一定要写得具体而明确，果断而有力，千万不能含糊暧昧、软弱无力，尤其要明确表达出自己的真实意图，与函电整体的内容统一起来。在中、英文函电的写作中，以及在翻译日文函电时，应尽量避免日文式的客气委婉可能导致的误解，以保证函电的沟通效果。

英语的分词句式，如 “Hoping to hear from you soon...” “Thanking you in advance...” 等语气较弱，应尽量避免在函电结尾使用。二十世纪七十年代，英国便已出现国际商贸函电不采用此类句式的倾向。

在中文函电的结尾部分，可以使用一些传统的套话和表达方式，但考虑到整篇文章风格的统一等，应慎用过于古旧的词句和表达方式。

下面列举若干常见的结尾语句。同开头语句一样，只要将这些语句稍做增删修改，便可应用于各种场合。

(1) 早急(さっきゅう)な御返事(おへんじ)をお待(ま)ちしております。

Your prompt reply is eagerly awaited.

速复为盼。

(2) 早急(さっきゅう)に返事(へんじ)をいただくことを期待(きたい)しております。

We look forward to hearing from you soon.

期待尽快得到您的答复。

(3) 早急(さっきゅう)な御返事(おへんじ)をいただけませんか。

May we expect your prompt response?

能否请您尽快回复?

(4) お役(やく)に立(た)てることを期待(きたい)しております。

We look forward to the pleasure of serving you.

我们期待着能够为您效力。

(5) 早急(さっきゅう)な御返事(おへんじ)をいただければお役(やく)に立(た)てます。

An early reply would help us to serve you.

如蒙速复,我们将为您效力。

(6) 当社(とうしゃ)が非常(ひじょう)に能率的(のうりつてき)にお役(やく)に立(た)つことができたら有難(ありがた)く存(ぞん)じます。

We should appreciate the opportunity of showing you how efficiently we can serve you.

如能够高效地为贵公司效劳,我公司将不胜感激。

(7) 早急(さっきゅう)に御検討(ごけんとう)いただければ有難(ありがた)く存(ぞん)じます。

Your prompt attention to this matter would be highly appreciated.

如蒙尽早商讨,我公司将非常感谢。

(8) 早急(さっきゅう)に御返事(おへんじ)をいただければと思(おも)います。

Perhaps you would let us have your reply pretty soon.

速复为盼。

(9) 早急(さっきゅう)に御返事(おへんじ)ください。

Please let us have your reply as soon as possible.

谨请速复。

下编　国际商贸函电实例

第一章　交际与礼仪

所谓交际就是社会交往，也可以称为“社交”。社交是指人类不同个体之间在特定时空中和特定条件下进行往来活动的行为，由动机、目的、方法、过程和结果组成。社交行为由人类的社会性本质所决定，因而具有社会性，并受道德、法律等社会规范的约束。社交还具有目的性、多样性等性质。

往小的方面说，社交行为具有促进社交主体互通信息，沟通感情，建立关系，共享资源，共同解决问题、完成任务、成就事业等功能。往大的方面说，社交行为具有提高个体生产力以及促进社会生产力的创造、保持和发展的功能，是人类认识产生、深化和发展的必要条件，能够促进人类的全面发展。

社会交往是人类本质的内在要求，可以根据不同的标准分成不同的种类。如：根据语言的不同可以分为语内社交和语际社交；根据文化背景的不同可以分为文化内社交和跨文化社交；根据交际手段的不同可以分为语言社交和非语言社交。

社交行为的方法、过程和结果，不但会受到社交主体的语言能力、道德修养、生活经历、家庭和周围环境等的影响，更会受到人生观、价值观、审美观等的重大影响。

社交活动最重要的目标是要建立良好的人际关系。为此，社交行为必须遵守一定的原则，如平等原则、尊重原则、诚实原则、理解原则、宽容原则、互利原则等。

所谓礼仪，是礼节、礼貌、仪态和仪式的统称，是对正常社交活动的基本要求。礼仪是尊重原则在社交活动中的具体体现，是人们在长期社交活动中逐步形成的关于仪容仪表、言谈举止、社交内容等的约定俗成的行为规范，是社交主体的人格、素质、修养等内在因素的外在体现，也是社交中主体必备的基本素质。

礼仪具有民族性、社会性、规范性、目的性和个体性等性质，涉及社交主体的言谈举止、穿着打扮、行为习惯等方面，是塑造形象的重要手段。反过来，礼仪也会受到这些因素的影响。礼仪通过形式、方法、过程、结果体现，具有沟通心灵，建立友谊，建立和维护社交主体良好的形象和人际关系，取得支持与帮助，辅助社交主体顺利高效地达到交际目的等作用。

在国际商贸活动中，与各色人等、各种公司和机构，与货物、服务乃至工程，与合同、单证和单据，与银行和钱款等打交道是业务人员无法避免的工作内容。本章主要讲述与人、公司和机构打交道时必不可少的社交和礼仪类函电的正文文本的写作及翻译。

与人打交道，少不了会遇到入职退休、调动升迁、访问宴请、助人求人、婚丧嫁娶之类的事情。与机构打交道，少不了会遇到公司招聘辞退、开张乔迁、组织变更、拆并关停之类的情况。遇到这些事情和情况，通常都会通过函电来表达问候、祝贺或遗憾、慰问、哀悼之意。如能把这些当作表达自身诚意的机会加以有效利用，增进双方的信任，密切双方的关系，就能为将来的生意合作创造良好的氛围和心理条件。

在国际商贸函电中，交际和礼仪类函电是唯一不需要深入介入或根本无须介入业务内容的函电种类。但这并不表示这类函电对业务没有用处。发函的时机、函电的内容等有时会直接影响生意的进展，甚至决定交易的成败。这其中是“做事先做人”的规律在起作用。如能与对方建立相互信任的关系，交上朋友，成为合作伙伴，生意自然会找上门来。反之业务将举步维艰，鲜有成效。

随着全球一体化的深度发展，国际性人际关系在顺利达成交易、完成业务方面的作用已经充分凸显，而且越来越重要。可以预料，未来国际性人际关系必将成为一种巨大的力量体现在生意和业务中，仅靠公事公办的态度、单调的事务性函电以及利害关系的简单陈述和切割取舍，恐将难以顺利而高效地完成交易。

为了达到与交易伙伴甚至对手维护好关系的公关目的，在写作交际与礼仪类的函电时除了上编中提到的原则和方法之外，还要特别遵循诚挚的原则，做到充满诚意。在翻译这类函电时也应充分关注这一点。

一、求职

拝啓　貴社が求人サイトで広告されていたビジネス係に応募させていただきたく存じます。

私は28歳で未婚です。上海サンダー学院で学士号を取得後、東京経済大学で国際貿易専門の修士課程を2年受け、それ以来上海五菱エレベーター（株）で専務取締役の秘書として4年間勤務致しました。

このたびは、ビジネス上の経験を増やすために、ビジネス係のポストを求めております。

私は広い業務の経験を持ち、すべての事務的業務に精通しております。関係証明書の写しを同封致しました。もし私の応募に興味をお持ちでしたら、御都合の良い時に御面談の機会を頂きたく存じます。

敬具

履歴書

氏　　名：李　明
生年月日：1993年1月1日
住　　所：上海市浦東新区浦東南路1234号
学　　歴：上海サンダー学院（2011年—2015年）
　　　　　東京経済大学（2015年—2017年）
職　　歴：上海五菱エレベーター（株）（2017年—2021年）
照 会 先：田謙谷教授（上海サンダー学院）
　　　　　山田春樹教授（東京経済大学）

Dear Sirs,

Please allow me to apply for the position of business clerk which you have advertised on the recruitment website.

I am 28 years old, unmarried. After taking B.A. at Shanghai Sanda University, I went for 2 years' international trade course of MTI at Tokyo Keizai University. Then I worked in Shanghai Itsubishi Elevator Co., Ltd. for 4 years as a secretary of the executive managing director.

I am looking for a position of business clerk to increase my experience in business.

I have a wide range of business experience and I am proficient in all types of office work. Copies of relevant testimonials are enclosed. If you are interested in my application, please give me an opportunity of personal interview at your convenience.

Yours faithfully,

PERSONAL SHEET

（译文略）

敬启者：

请允许我应聘贵公司在招聘网站上发布的业务员岗位。

我今年28岁，未婚，上海杉达学院学士。在东京经济大学学习了2年国际贸易专业硕士课程以后，我在上海五菱电梯有限公司工作了4年，担任执行董事的秘书。

为积累业务经验，我希望应聘贵公司业务员一职。

我具有广泛的商务经验，精通所有事务性工作。随函附上我的有关证明材料的复印件。如您对我的应聘有兴趣，请在您方便的任何时候给我面试的机会。

敬上

简　　历

（译文略）

▲讲评

用求职信的形式向公司介绍自己，附上简历，表达愿意在公司就职的愿望是最常见的自荐行为。根据公司性质的不同，可以介绍自己不同方面的特长，求职信的写法也可以有所变化。如向日本的公司或日资公司求职，求职信从格式到内容都可以日本化一些；如果是欧美公司或中国公司，则可以西化或中国化一些。大学刚毕业的学生与已有工作经验的人，求职信所用的表达也应有所区别，体现出自己的特色。

▲表达

…に応募させていただきたく存じます。Please allow me to apply for the position of... 请允许我应聘……岗位。

秘書として4年間勤務しました。I worked for 4 years as a secretary. 我做了4年的秘书工作（我工作了4年，担任秘书一职）。

…のポストを求めております。I am looking for a position of... 我正在寻找……岗位。

▲相关表达

私は必要な資格がある。I am competent to meet the requirements. 我拥有必要资格。

上記の通り相違ありません。I certify that the above is true and correct. 以上所述情况属实。

本書到着次第、すぐに当社においでください。Please come to our company as soon as this letter reaches you. 收到本函后请立即前来我公司。

28日午前9時に面談したく存じます。We shall be glad to have a personal interview with you at 9 A.M. on the 28th. 我们很高兴在28日上午9点为你进行面试。

貴殿に適した仕事に欠員が生じた時は確実にお知らせします。If there is a vacancy in the position which are suitable for you, we will certainly let you know. 适合您的工作岗位出现缺员时，我们一定通知您。

二、邀请

拝啓　上海国際貿易公司の総裁は、9月３０日（土曜日）午後6時に上海市黄浦区茂名南路５８号のガーデンホテルで催す国慶節祝宴に貴殿の御出席をいただきたく存じます。　敬具

Dear Sirs, The President of Shanghai International Trade Corporation will hold the National Day Celebration Party at Garden Hotel, No. 58, Maoming Road South, Huangpu District, Shanghai at 6 P.M. on Saturday, September 30th. We request the pleasure of your company. Yours faithfully,
敬启者： 上海国际贸易公司总裁将于9月30日（星期六）晚6时假座上海市黄浦区茂名南路58号花园饭店举行国庆招待会，敬请光临。 敬上

▲讲评

这是最简洁而正式的邀请函。邀请函最少应该写明邀请人、被邀请人、时间、地点、事由等信息，必要时还应写明着装要求、是否可携配偶、是否可停车等信息。除生意、业务等工作交往之外，社交活动也很重要。通过这类活动可以了解对方，也可以让对方了解自己，展示自己的礼仪和风采。

▲关注

注意"貴殿の御出席をいただきたく存じます""We request the pleasure of your company""敬请光临"之间的对应关系和互译文本。

▲表达

ご＋サ変動詞語幹（を）＋いただく／お＋動詞連用形＋いただく；request the pleasure of one's…；说话人恭敬地请听话人或话中人（为说话人）做某事

▲相关表达

送別会；farewell party；告别宴会

開業式；opening ceremony；开业典礼

…式をあげる；hold a... ceremony；举行……仪式

招待する；invite/give an invitation to...；邀请

正式招待；formally invite/formal invitation；正式邀请

略式招待；informally invite/informal invitation；非正式邀请

招待状；invitation；请柬

招待状を出す；send an invitation/extend an invitation；发请柬

三、引荐会晤

拝啓　弊社社長太田太郎のためにささやかな晩餐会を計画し、6月8日（月曜日）午後6時半から8時半まで上海ガーデンホテルで行うことになりました。

貴殿が弊社の社長と会うためにこの機会においでくださるようお願いします。

6月8日（月曜日）にお会いすることを期待しております。

暖かな配慮をこめて。

敬具

Dear Sirs,

We are planning a small dinner party in honor of Mr. Taro Ota, President of our company. The dinner will be held at Shanghai Garden Hotel, from 6:30 P.M. to 8:30 P.M. on Monday, June 8.

We hope that you will take this opportunity to meet the President of our company.

We look forward to seeing you on Monday, June 8.

With warmest regards,

Yours faithfully,

敬启者：

我公司计划为我公司太田太郎总裁举办一场小型晚餐会，定于6月8日（星期一）下午6点半到8点半在上海花园饭店举行。

我方希望您能利用这次机会与我公司总裁晤面。

我们期待6月8日（星期一）与您见面。

顺致最热情的问候。

敬上

▲讲评

邀请对方赴宴通常有目的性，此函的目的是引荐会晤、介绍相识。

▲关注

日文函电中的“暖かな配慮をこめて”（“顺致最热情的问候”“With warmest regards”）不符合日文传统函电的格式，这是受到英文函电格式和表达方式影响的结果。

注意“…のために”“in honor of...”“为……”之间的对应关系和互译文本。

▲表达

［6月8日（月曜日）］（午後6時半）から（8時半）まで（上海ガーデンホテル）で行う；be held at (Shanghai Garden Hotel), from(6:30 P.M.) to (8:30 P.M.) on (Monday, June 8)；于［6月8日（星期一）］（下午6点半）到（8点半）在（上海花园饭店）举行

…くださるようお願いします；hope that...；希望……/恭请……/拜托……

…ことを期待しております；look forward to...；期待……/盼望……

▲相关表达

新任の支店長柳沢順三は12月25日（月曜）午後6時の晩餐会に貴下を上海ガーデンホテルにお招きします。Mr. Junzo Yanagisawa, the new manager of the branch invites you to attend the dinner party at 6 P.M. on Monday, the 25th of December at Shanghai Garden Hotel. 新任分公司总经理柳泽顺三诚邀您出席于12月25日（星期一）下午6时在上海花园饭店举行的晚餐会。

四、接受邀请

拝啓(はいけい)　五菱商事(いつびししょうじ)の社長(しゃちょう)は、ガーデンホテルで催(もよお)される国慶節祝宴(こっけいせつしゅくえん)に御招待(ごしょうたい)くださったことに対(たい)し、上海国際貿易公司(しゃんはいこくさいぼうえきこんす)の総裁金子彤(そうさいきんしとう)氏に感謝(かんしゃ)し、喜(よろこ)んで出席(しゅっせき)させていただきます。　敬具(けいぐ)

<table><tr><td>Dear Sirs,
　　President of Itsubishi Corporation thanks Mr. Jin Zitong, the President of Shanghai International Trade Corporation for his kind invitation to the National Day Celebration Party to be held at Garden Hotel, and will be pleased to attend.
Yours faithfully,</td></tr><tr><td>敬启者:
　　五菱商事社长感谢上海国际贸易公司总裁金子彤先生邀请他参加在花园饭店举办的国庆招待会,届时他将愉快地出席。
敬上</td></tr></table>

▲讲评

这是最简洁而正式的表示接受邀请的函电。接受生意伙伴的邀请,参加其举行的宴会或其他活动,有时会收到意想不到的效果,对促成交易大有裨益。

▲关注

注意"…に御招待くださったことに対し、…に感謝し""thank sb. for his/her kind invitation to..." "感谢……邀请……"之间的对应关系和互译文本。

▲表达

ご＋サ変動詞語幹（を）＋させていただく / お＋動詞連用形＋させていただく; be pleased to do...; 说话人恭敬地请听话人或话中人允许自己做某事

▲相关表达

招待を受ける; accept the invitation; 接受邀请

…の招待で; at the invitation of...; 应……之邀

御招待を喜んでお受けします。We are pleased to accept your invitation. 很高兴接受您的邀请。

五、婉拒邀请

拝啓　上海国際貿易公司総裁劉昱辰は、8月2日の東京帝国ホテルの晩餐会に御招待いただき有難く存じております。

喜んで承知いたしたく存じますが、どうしても取り消すことのできない重要会議に出席することがすでに手配済みでしたので、残念ながら晩餐会にご出席できません。

劉昱辰は太田太郎氏に心よりの御挨拶を申し上げたく存じております。

敬具

Dear Sirs,

Mr. Liu Yuchen, President of Shanghai International Trade Corporation, appreciates your invitation to the dinner party at Imperial Hotel, Tokyo on August 2.

He is delighted to accept your invitation, but unfortunately, Mr. Tian will not be able to attend the dinner party because he has already made arrangement to attend another important meeting which cannot be cancelled.

Mr. Liu wishes to extend his cordial greetings to Mr. Taro Ota.

Yours faithfully,

敬启者：

上海国际贸易公司刘昱辰总裁承蒙贵公司邀请参加8月2日在东京帝国饭店举行的晚餐会，非常感谢。

他非常乐意接受贵公司的邀请，但因他必须出席一个已经安排且无法取消的重要会议，故不能出席晚餐会，深感遗憾。

刘昱辰先生向太田太郎先生致以衷心的问候！

敬上

▲讲评

收到邀请函后因故不能出席，回函谢绝也是常事。在函中直述原因并不失礼。婉拒邀请的函电可长可短，并无一定之规。

▲**关注**

注意“…たく存じますが、…ので、残念ながら…できません”“be delighted to accept your invitation, but unfortunately, ... will not be able to... because...”“很想……但是……所以很遗憾，不能……”之间的对应关系和互译文本。

直述谢绝邀请的原因一般不会被认为失礼，但措辞应讲究礼节，客气为上。

▲**表达**

…たく存じております；would be delighted to...；想……/ 认为……/ 愿意……

残念ながら；unfortunately；遗憾的是……

…に心よりの御挨拶を申し上げたく存じております；wish to extend cordial greetings to...；向……致以衷心的问候

在以上接受邀请的函电和谢绝邀请的函电中，受邀人（接受者或拒绝者）是以第三人称出现的，可以推断是“秘书代复”。也有受邀人亲自回复的情况，这时应将第三人称及相关表述改为相应的第一人称表述。

▲**相关表达**

招待を断る；decline an invitation；拒绝邀请

大変申し訳ありませんが、…；be very sorry that...；非常抱歉……

六、祝贺圣诞节

拝啓　メリークリスマス！今年も素晴らしいご旅行を楽しくお過ごしのことと存じます。ご家族によろしくお伝えください。私も妻と子供と一緒にしばらく休暇を楽しみにしております。

来年もよろしくお願いします。

最も良い祝福を　　　　　　　　　　　　　　　　　　　　　　敬具

Dear Sir, Merry Christmas! I sincerely wish that you will have a pleasant trip this year. Please pass my concern on to your family. I am also going to have a holiday with my wife and children. I am looking forward to our better cooperation next year. Best wishes, Yours faithfully,
敬启者： 圣诞节快乐！衷心祝愿您今年旅行愉快！请转达我对您家人的问候。我也将与妻子和孩子欢度假日。 期待明年我们会有更好的合作！ 致上最美好的祝福。 敬上

▲讲评

在欧美，每年12月25日圣诞节到来之前，公司上下的员工都会向自己伙伴公司的员工寄送圣诞贺卡。在日本，则是在元旦来临前寄送新年贺卡，受到西方的影响，也会合寄或另寄圣诞贺卡。在中国，人们会在春节前寄送春节贺卡，受西方的影响，也会在圣诞节和元旦时寄送圣诞贺卡和元旦贺卡。这些贺卡是一种沟通感情的手段。什么时候寄，以怎样的形式寄（实体或电子）可以灵活处理，视对方和己方的情况而定。近年来，出于环保和简化礼仪形式的考虑，实体贺卡的寄送已经大大减少。

贺卡内容可以跟工作有关，也可以无关，只要让对方感受到己方由衷的谢意或祝愿就可以。

▲关注

メリークリスマス；Merry Christmas；圣诞节快乐

注意圣诞节的英、日文说法，日语中直接使用外来语。

▲相关表达

…に心からご挨拶をお送りします；send... best wishes；向……致以衷心的问候

年末年始にあたり；at the end of the year；值此辞旧迎新之际

七、慰问病患

拝啓　ご病気のため先週上海市の中山病院にご入院なさったことを知らされ、私たち一同、大変ご心配申し上げております。

お受けになった治療が成功し二週間ほどでご退院されると伺い、安堵しております。

一日も早いご全快を心から願っております。　敬具

Dear Sir,

We heard that you were admitted to Zhongshan Hospital, Shanghai last week for illness. We are deeply concerned.

We are certainly relieved to know that the medical attention you received is quite successful, and you will leave the hospital in two weeks.

Please accept our best wishes for a speedy recovery.

Yours faithfully,

敬启者:

我们听说您上周因病住进了上海市中山医院，深感担心。

我们得知您所接受的治疗非常成功，两周后即可出院，深感欣慰。

衷心祝愿您早日康复!

敬上

▲讲评

慰问病患的函电宜直接袒露心声，表示担心和关怀。但应根据对方病情轻重，把握好措辞。

▲关注

注意“大変ご心配申し上げております”“We are deeply concerned”“深感担心”之间的对应关系和互译文本。

注意“一日も早いご全快を心から願っております”“Please accept our best wishes for a speedy recovery”“衷心祝愿您早日康复”之间的对应关系和互译文本。

▲表达

…を知らされる；hear that...；得知……/ 听说……

…を心から願っております。Please accept our best wishes for... 衷心祝愿……

ご＋サ変動詞語幹＋なさる：尊他敬语，如“ご入院なさる”是“您住院”的意思。ご＋サ変動詞語幹＋される：尊他敬语，如“ご退院される”是“您出院”的意思。“なさる”是“する”的敬语形式，“される”是“する”的未然形后接尊敬助动词“れる”构成的敬语形式。

▲相关表达

見舞いまで。Wishing for your speedy recovery. 此致病中问候（祝您早日痊愈）。

病気にかかったことを聞いて大変心配しております。I am very worried when I heard that you are ill. 听说贵体染恙，非常担心。

丁重な御見舞状有難く存じます。I am very grateful for your warm greetings. 感谢您亲切的慰问信。

八、讣告

拝啓(はいけい)　当社社長(とうしゃしゃちょう)小山静雄(こやましずお)が病気(びょうき)で亡(な)くなりましたことをお伝(つた)えしなくてはならないことは甚(はなは)だ残念(ざんねん)でございます。 当社(とうしゃ)は、貴方(あなた)が当社(とうしゃ)と共(とも)に同氏(どうし)の未亡人(みぼうじん)に哀悼(あいとう)の意(い)をささげてくださることと存(ぞん)じます。 敬具(けいぐ)
Dear Sirs, It is with deep regret that we have to announce that our president, Mr. Shizuo Koyama died of a disease. We believe that you will join us in offering our sympathy to his widow. Yours faithfully,
敬启者： 我们很遗憾地通知阁下，我公司总经理小山静雄因病去世。 我们相信阁下会与我公司同仁一道，向他的遗孀表示哀悼。 敬上

▲讲评

讣告应开门见山，不必拘泥于繁文缛节，但要包含悲伤之意。

▲表达

病気で亡くなりました；die of a disease；因病去世

…に哀悼の意をささげる；offer one’s sympathy to...；向……表示哀悼

九、唁电

拝啓　貴社社長小山静雄氏の御逝去をお聞きし、まことに悲しみにたえません。同僚と知人であるすべての人々にとって、同氏のことは長く記憶に残ることと存じます。

どうか当社の哀悼の意を同氏の御家族にお伝えくださるようお願いします。

敬具

Dear Sirs,

We are deeply distressed to hear that President Shizuo Koyama has passed away. He will long be remembered by his colleagues and all who know him.

Please convey our sympathy to his family.

Yours faithfully,

敬启者：

惊闻贵公司总经理小山静雄去世，万分悲痛！他将永远活在同事和所有认识他的人心中。

谨请向他的家属转达我们的哀悼！

敬上

▲讲评

在唁电中，应有对逝者的追忆、感激之意，并充分表达对逝者去世的震惊和悲切，切忌语言花哨。

▲关注

注意“…の御逝去をお聞きし、まことに悲しみにたえません”“be deeply distressed to hear that... has passed away”“惊闻……去世，万分悲痛”之间的对应关系和互译文本。

▲相关表达

貴社長の御逝去をお聞きし、びっくりしました。I was shocked to hear of your president’s passing. 惊闻贵公司总经理去世。

お悔やみを述べる；offer one’s sympathy；表示哀悼

お悔やみを申し上げます。Please accept my sincere condolences. 请接受我诚挚的哀悼之意。

十、迁址通知

拝啓　本日喜んで、当社がさらに大きくて便利な社屋に移転しましたことをお伝えいたします。新しい連絡方法をお知らせいたします。

住所：中国上海市黄浦区南京路200号（郵便番号：654321）

電話番号：＋86－21－12345678

近い将来新社屋で貴社を歓迎できる機会を持てることと存じます。

敬具

Dear Sirs,

We are pleased to inform you that we have moved to a much larger and more convenient building today. The new address is listed below.

Address: No.200, Nanjing Road, Huangpu District, Shanghai, China (Postcode: 654321)

Tel. :+86-21-12345678

We hope to have the opportunity to welcome you to the new office building in the near future.

Yours faithfully,

敬启者：

我们欣喜地通知您，我公司已于今日搬迁至更大更方便之处。

新址如下：

中国上海市黄浦区南京路200号（邮编：654321）

电话：+86-21-12345678

我们希望不久的将来能有机会在新址欢迎贵公司。

敬上

▲讲评

迁址通知是较常用的函电之一。迁址通知应在报告乔迁之喜的同时把新地址以及电话等联系方式一并告知对方，以方便今后的业务往来。

▲表达

…に移転する；move to...；搬迁到……

喜んで…をお伝えいたします；be pleased to inform you that...；欣喜地通知您……

▲相关表达

新社屋を下記のところに移転しております。We have moved into the new office building at the address below. 我公司已搬迁至位于下址的新舍。

この機会に当社は事務所を下記の住所に移転しております。Taking this opportunity, we have moved our office to the address below. 借此机会，我公司已将办公室搬迁至以下地址。

第二章　合同生效前

任何生产厂家、商贸公司、代理商、采购商、从事销售和采购等工作的业务员都要经过市场开拓、合同谈判[①]、合同签署三大阶段才能与对方达成交易。其中，市场开拓是基础，合同谈判是关键，合同签署是成果。本章按此顺序，分别介绍相关函电文本的写作及翻译。

第一节　市场开拓

不论是销售还是采购，只要是做生意就必须找到交易伙伴（对象）。找到可靠的交易伙伴，发展优质客户对一个公司而言非常重要。而要找到合适的交易伙伴，就必须开拓市场，这是拓展贸易渠道的基础。

开拓市场、寻找交易伙伴是一项艰难的工作。无论是推销产品还是寻找货源，都需要业务员、销售经理或采购经理付出艰辛的劳动。通常，推销的宗旨是要战胜竞争对手，以更好的价格卖出更多的产品，以获得更大的市场份额和更多的利润；而采购的宗旨则是以更低的价格买到更好的商品，在保证货源质量的基础上降低成本。这是买方和卖方最主要的矛盾，反映在市场上，就是买卖双方围绕价格、质量的博弈。

为了最大限度地降低这种博弈给双方带来的风险，不论是做推销还是做采购工作，都应提前采取措施规避风险。这些措施反映在市场开拓阶段，主要是对市场和客户进行相关调查。

本节以卖方为例，讲授事前调查、推销及相关函电文本的写作与翻译。

市场调查、信誉调查、法律调查合称为事前调查。

① 此处指通过函电进行的合同交涉。

所谓市场调查，就是分析自家产品，明确市场定位，判断目标市场，对预期市场所在国家和地区的政治体制、社会制度、外交政策、财政情况、外汇状况、贸易政策、交易习惯、人口、国民收入、生活方式、基本需求、消费水平、购买力，以及自然地理条件、地缘环境等方面进行调查。市场调查比较宏观，可以利用官方机构、民间组织等的统计数据及各种资料来进行。

如果这些调查的结果比较理想，就可以选定目标市场，并在这个市场中发掘那些有发展前途、财务状况良好、经营和收益能力卓越的潜在交易伙伴。发现特定的潜在交易伙伴后，对其进行信誉调查是必不可少的步骤。

所谓信誉调查，是指对对方公司的情况，主要是财务状况、经营能力、盈利能力、执行能力、交易习惯、重要业绩、银行信誉、社会评价、主要团队成员情况等进行的调查。信誉调查的重要性在于，做好这项工作，能够找到信誉好、可信赖的交易伙伴，能够使交易顺利进行并达到互利共赢的目的，还能够避免不必要的纠纷。信誉调查是比较微观的调查，可以利用行业组织、贸易团体、交易银行、律师和审计事务所、使领馆、专业报刊、展会宣传册等信息渠道进行调查。

信誉调查通常围绕核心内容3C（the 3Cs of Credit）展开。所谓3C，指对象企业的特性（Character），涉及企业的性质、诚信度、经营方针等方面；企业的资本（Capital），涉及企业的资产、资金、财务状况、银行信誉等方面；企业的能力（Capacity），涉及企业的经营能力、保证产品质和量的能力、盈利能力、发展前景等方面。

信誉调查有多种基本方法，其中最重要的有两种。一种是银行征询（Bank Reference），即通过函电或面谈等形式向对象企业的交易银行咨询其信誉情况。另一种是企业征询（Trade Reference），即通过函电或面谈等形式向对象企业的交易伙伴咨询其信誉情况。企业在做信誉调查时通常会同时使用这两种方法。

所谓法律调查，是指通过律师、公检法机关的公开征信系统等渠道调查潜在交易伙伴有无违法行为、受法律惩处的记录等，从而了解其信誉的一种调查。法律调查的结果是重要的参考资料，对有污点的企业，应提高警觉，谨慎交易。

无论事前调查涉及的是市场、信誉、法律中的哪一方面，也无论调查中利用了哪些资源，实际操作过程中都少不了函电往来。

除了发送函电给第三方机构或人士，请其提供有关信息，证实有关情况外，销售企业还需要直接发送函电给大量的潜在伙伴企业，简洁明了地说明己方产品的优势和销售意愿，告诉对方与己方公司做生意的好处和前景。如果随信寄去反映本公司产品优越性和特点的宣传册、反映本公司情况的财务报告甚至是银行出具的信用证明，并告知本公司的开户银行等信息，便于对方了解查证，效果会更好。

不论用何种方式进行何种事前调查，相关人员对各种函电往来所涉及的内容都负有保密义务，对各种回函机构和人士应该心存感激，对选定的交易伙伴应该竭诚尽节，做到不伤害任何企业和个人，树立起自身的信誉和威望。

推销是市场开拓工作的重要组成部分。推销是在市场上宣传己方的产品，做好公关工作，与客户建立起相互信任的关系，创造新的需求，最终达成交易，达到销售己方产品的目的的过程。推销有两种，一种是向非特定人群和企业推销，另一种是向特定人群和企业推销。不管是哪一种推销，达成交易是推销的目的，是市场开拓的成果体现。

推销的目的有形成长期交易关系和达成一次性交易等。推销可以分为销售新产品、处理库存、扩大市场、恢复或扩大顾客群、提升市场份额、开设新店、宣传公司新生事物等几种。

不论是哪种目的、种类的推销，一般都会用到函电。用于推销的函电通常应说清楚产品的性质、特点、功能等，同时要换位思考，向对方表明购买己方产品对对方的好处。

以下是市场开拓阶段函电的实例。

一、请求建立交易关系

拝啓　三日前、上海で行われた中国国際輸入博覧会で貴社の家庭用ロボットの展示品を拝見し、その品質の良さと価格の安さに深い印象を受けました。

貿易会社として、当社はこの種の製品の輸入業務に精通の上に、非常に良い取引先にも恵まれておりますし、最新の販売促進方法も極めて効果的に活用できますので、貴社のお役に立ちたく存じます。

もし当社に中国で貴製品を販売促進することをお許しくだされば、貴社の売り上げは著しく増えることが確実です。

貴社の御返事をお待ちしております。

敬具

Dear Sirs,

Three days ago, we saw your home robot exhibits at China International Import Expo in Shanghai. We were deeply impressed by their high quality and low price.

As a trading company, we are proficient in the import business of such products, have excellent connections, and can use the latest promotion methods quite effectively. We would like to let you know our desire to offer services to you.

We believe that if you allow us to promote your products in China, your revenue will increase considerably.

We look forward to hearing from you.

Yours Sincerely,

敬启者:

三天前，我公司在于上海举办的中国国际进口博览会上见到了贵公司家庭机器人展品，其价廉物美给我们留下了深刻的印象。

我公司作为贸易公司，精通此类产品的进口业务，拥有非常优质的客户，能够极为有效地使用最新促销方法，希望能为贵公司效力。

我公司相信，如贵公司允许我公司在中国推销贵公司产品，贵公司的销售额必将会有明显增加。

赐复为盼。

敬上

▲讲评

请求成为对方产品的进口代理商的函电，一般应简洁地写明发函的原因，介绍本公司的基本情况和优势，讲明合作可能给对方带来的利益等。如果能把查询本公司信用情况的渠道写进函中，则更加完美。

可以用“杂志”“报纸”等替换“中国国际进口博览会”，用“广告”等替换“展品”，将这则函电应用于其他场合。

▲关注

注意“…に深い印象を受けました”“be deeply impressed by...”“……给……留下了深刻的印象”之间的对应关系和互译文本。

▲表达

…業務に精通する；be proficient in...；精通……业务

非常に良い取引先に恵まれております; have excellent connections; 拥有优质客户

お役に立ちたく存じます；would like to offer our services; 愿意效力

…をお許しくだされば；if you allow us to...；如蒙允准……

▲相关表达

取引する；do business/deal with...；进行贸易/做生意

突然ながら、貴社と取引したくご連絡申し上げます。We take the liberty of contacting you with a purpose of doing business with you. 冒昧联系，我公司诚挚期望与贵公司进行交易。

当社は十分な資金ばかりでなく、中国の製造者と幅広い取引関係がありますので、最低価格で貴注文を履行できます。We have not only sufficient capital, but also extensive business connections with Chinese manufacturers. We are confident that we can execute your order at the lowest price. 我公司不仅资金充裕，而且与中国制造厂商拥有广泛的交易关系，能够以最低价格履行贵公司的订单。

当社の製品は最新の技術を取り入れた最上品ですので、ご信頼いただけるものと存じます。Our products are of the best quality incorporating the latest technology, and we are trustworthy and reliable. 我公司产品采用最新技术，质量最优，贵公司完全可以信赖。

二、要求对方提供征信银行名称

拝啓　５０万米ドルの部品をご注文いただき、大変感謝しております。

つきましては、これは貴社との初取引でございますので、信用照会をする会社か銀行の名前をお知らせいただけないでしょうか。

信用情報が確認でき次第、すぐご注文の品物を船積みいたします。

これが貴社との長い取引関係の始まりになるよう心より願っております。そしてそれが実現するように全力を尽くします。　敬具

Dear Sirs,

Thank you very much for your order for our parts priced US$500,000.

As this is our first transaction with you, could you please let us know the names of firms or a bank to whom reference can be made?

As soon as these inquiries have been satisfactorily settled, we shall be pleased to ship the goods of your order.

We sincerely hope that this transaction will be the beginning of our long-term business relation. We shall certainly do our best to realize it.

Yours faithfully,

敬启者：

顷接贵公司50万美元配件订单，非常感谢！

此次为我公司与贵公司的第一次交易，能否告知可征询贵公司信誉的商号或银行名称？

一俟征询结果满意，我公司将立即发货。

我公司衷心希望此次交易能够成为贵我双方长期业务关系的开始，并将为实现此愿望而竭尽全力。

敬上

▲讲评

本函是卖方要求买方提供征询信用的途径的函电。银行原则上有义务回复企业发来的信誉调查函，回复的内容企业应予以保密。

▲关注

注意“信用情報が確認でき次第、すぐご注文の品物を船積みいたします”“As soon as these inquiries have been satisfactorily settled, we shall be pleased to ship the goods of your order”“一俟咨询结果满意，我公司将

立即发货”之间的对应关系和互译文本。

▲表达

…の初まりになる；be the beginning of...；成为……之始

（動詞連用形）次第、…；as soon as...；一俟……，立刻……

▲相关表达

信用調査；credit analysis；信用调查

信用照会；credit inquiry；信用调查函

信用情報；credit information；信用信息

…に信用照会先を示す；submit references to...；向……提供信用征询单位

信用照会先について調べる；take up one’s references；了解信用征询单位

三、向银行了解企业信用情况的征询函

拝啓　中国上海市黄浦区南京路200号の上海国際貿易公司から50万米ドル相当の部品注文を受け、同社は貴行を銀行照会先として知らせてきました。

この金額の信用供与を確かめると同時に、同社の評判と財政状態についても御意見をお聞かせいただければありがたく存じます。　敬具

Dear Sirs,

We have received an order of parts worth US$500,000 from Shanghai International Trade Corporation of No. 200, Nanjing Road, Shanghai, China, and they have told us your name as a bank reference.

We would like to confirm your credit extension of this amount and would be obliged if you could give your opinion on their reputation and their financial standing.

Yours faithfully,

敬启者：

我公司接到位于上海市黄浦区南京路200号的上海国际贸易公司50万美元的配件订单。该公司告知我公司贵行为其信用征询银行。

在确认该笔金额授信的同时，如蒙告知贵行对该公司的评价及对其财务状况的意见，我公司将非常感谢！

敬上

▲讲评

向第三方确认生意伙伴的信用状况是一件严肃的事情，必须郑重请求，严守秘密。根据第三方提供的信息进行交易时，须自负一切后果，不可追究第三方的责任。

▲相关表达

同社は貴社を信用照会先として知らせてきました。They have told us your name as a reference. 该公司告知我公司，贵公司为其信用征询单位。

同社に対する評判がよいかご意見をお聞かせくだされば大変有難く存じます。We should be very much obliged if you could give us your opinion on whether they are a firm with a good reputation. 关于该公司信誉是否良好，如蒙告知贵公司（贵行、贵商会）意见，我公司将不胜感激。

ご提供くださった情報は極秘として取り扱います。The information you provide will be treated as strictly confidential. 我公司将对贵公司（贵行、贵商会）所提供之信息严格保密。

四、银行对征询函的复函（好评）

拝啓　6月5日付の貴書を受け、ご確認の件について次のような情報を提供いたします。

お尋ねの会社は評判のよい会社であり、当行と長年取引をし、間違いなく信頼できると信じております。

この情報は当行の経験によって提供しておりますが、極秘として扱っていただき、当行に何ら責任を問われることがないようお願いします。

敬具

Dear Sirs, 　　We received your letter of June 5 and are willing to give you the following information on your inquiry. 　　The company you mentioned has a good reputation and has been doing business with us for many years. We believe that they are very reliable. 　　This information is provided from our experience. We must ask you to treat it in strict confidence and hope that we will not be held accoutable. Yours faithfully,
敬启者： 　　贵公司6月5日函悉，现就贵公司所询之事提供以下信息。 　　贵公司所询公司颇得好评。我行长年与该公司交易，相信该公司值得信赖。 　　此信息系我行据经验提供，恳请绝密处置，幸勿发生追究我行责任之事为盼。 敬上

▲讲评

与交易公司相比，银行提供的信息一般较为客观。尽管如此，主意还得自己拿，责任也得自己负，不能因将来交易不理想而迁怒于银行。

▲关注

注意“極秘として扱っていただき、当行に何ら責任を問われることがないようお願いします”“We must ask you to treat it in strict confidence and hope that we will not be held accoutable”“恳请绝密处置，幸勿发生追究我行责任之事为盼”之间的对应关系和互译文本。

▲表达

…ことがないようお願いします。We hope that we will not... 期望不要发生……的事情(幸勿发生……之事为盼)。

▲相关表达

信用状態；credit standing；信用状况

信用供与；credit facility/credit extension；授信

信用供与限度；credit line/line of credit；授信额度

信用取引；credit transaction；信用交易

信用のある；reliable/trustworthy；有信誉的/信誉好的

信用程度；credit rating；信用度

信用を博する；win one's trust；赢得信赖

信用する；trust sb.（for credit）；（因某人有信用而）信赖（某人）

最も信頼できる会社；the most reliable company；最值得信赖的公司

信用できる第一級の会社；A rating company；信用等级A级的公司

安心して取引できる；can deal freely without risk；可以放心交易（随意交易而无风险）

財務状況は健全です。The financial status is sound. 财务状况良好。

お問い合わせの会社は非常に良い評判であると思われます。The company you inquired about is considered to have an excellent reputation. 贵公司所询公司颇得好评。

同社は1888年に設立され、これらの商品については優れた評判を得ています。The firm was established in 1888 and has enjoyed an excellent reputation for these items. 该公司成立于1888年，在这些商品上享有极高声誉。

当社はその会社にいくら信用貸しをされても何ら危険はないという見解です。In our opinion, there is no risk in extending them unlimited credit. 我公司的见解是，不论贵公司给该公司多少授信都不会产生任何风险。

ご指摘の限度まで信用を供与するのに、ためらわれる必要はありません。You don't have to hesitate to grant the firm the credit line you mentioned. 贵公司不必犹豫，尽可授予该公司所述之信用额度。

五、银行对征询函的复函（差评）

拝啓　5月8日の貴書でお尋ねになった会社を調査いたしましたが、同社との取引に細心の注意を払われた方が良いことをお伝えします。

過去3年間、同社は厳しい財務問題を抱え、通常の支払さえ遅れている始末です。買い過ぎが同社のよくある欠点のようです。よって、同社との取引には最大の注意を払われるようお勧めします。

もちろん、これは当社(とうしゃ)の私的(してき)な見解(けんかい)であり、貴社(きしゃ)におかれましてもさらなる調査(ちょうさ)を行(おこな)われるようお願(ねが)いいたします。

敬具(けいぐ)

Dear Sirs,

We have completed our inquiry concerning the firm mentioned in your letter of May 8 and have to inform you to consider the business with them carefully.

In the past three years the company has been in serious financial difficulty and even delayed their normal payments. Overbuying would be a common fault of the firm. So we may suggest you to pay the most careful attention when doing business with them.

However, this is just our own opinion. Please make further inquiries on your part, too.

Yours faithfully,

敬启者:

贵公司5月8日函悉。我方调查了函中所询公司,现告知贵公司:与该公司交易时请倍加注意。

过去3年,该公司一直面临严重的财务问题,甚至日常支付也会延迟。过度采购是该公司常犯的毛病。故谨劝贵公司与该公司交易时倍加小心。

当然,这只是我方的见解,望贵公司能做进一步调查为荷。

敬上

▲讲评

当第三方提供了所征询企业的相关信用信息,作为征询方,一定要保密。既可以直接采纳相关信息,也可以视需要再做些调查,再做决策。

▲关注

注意"貴社におかれましてもさらに調査を行われるようお願いします""Please make further inquiries on your part, too""望贵公司做进一步调查为荷"之间的对应关系和互译文本。

▲表达

…ようお勧めします; suggest you to...; 谨劝……/奉劝……

▲相关表达

取引されないようにお勧めします。We advise you not to deal with

them. 奉劝贵公司不要与该公司交易。

勘定残高を回収するために法的手段に訴えざるを得ない。We have to resort to legal measures to recover the balance of our account. 为了收回剩余应收账款，我方不得不诉诸法律手段。

その会社が倒産する可能性が強い。Bankruptcy of the company is very likely. 该公司极有可能倒闭。

財政状況が苦しく債務が果たせない。The company is in a difficult financial condition and unable to meet the obligation. 财务状况恶劣，无法偿还债务。

同社が目下の信用を維持するのは容易ではないでしょう。It would be no easy task for them to maintain their current credit standing. 该公司要维持当前的信用状况不是一件容易的事情。

信用を傷つける；spoil one's credit；破坏信用

六、产品推销

拝啓　調味料といえば、「豆板醤」という中国の調味料は長い間最高という好評を得ております。その品質はほかのどんな商品より優れています。

当社の工場は、「豆板醤」という中国の調味料を世界中に最もよい品質で提供しております。その品質は世界のどこでも完全に保証されています。

同封の価格表をご参照ください。初注文は特別な優遇条件を付与されます。引渡しは受注後2週間以内にできます。

貴社から早急に御返事をいただきたく存じます。　敬具

Dear Sirs,

In the field of condiments, Chinese soybean paste "Doubanjiang" has won the best popularity for a long time. No other competitors can match its quality.

<table>
<tr><td>

Our factory provides people all over the world with Chinese soybean paste "Doubanjiang" of top-quality and guarantees to maintain its quality in any part of the world.

Please refer to the enclosed price list. The first order can enjoy our special preferential terms. Delivery can be made within two weeks after we receive your order.

We look forward to hearing from you soon.

Yours sincerely,

</td></tr>
<tr><td>

敬启者：

在调味品领域，中国调味品"豆瓣酱"长久以来一直得到最佳评价。任何竞争品都无法匹敌其品质。

我公司工厂以顶级品质向全世界提供中国调味品"豆瓣酱"，其质量在世界各地均能得到完全的保证。

谨请参阅随函寄送的价格表。首次订货将获得特别优惠条件。收到订单后2周之内可以交货。

速复为荷。

敬上

</td></tr>
</table>

▲讲评

这是一封给特定顾客的产品推销函，内容完整，说到了产品的知名度、质量，告知了价格和交货期，特别说明了优惠条件。考虑客户利益是推销函写作很重要的一点。只有让客户有利可期，才能引起客户的兴趣，才有说服力。

不管是面向特定对象还是不特定对象，推销函都应说清楚本公司产品的长处，讲明其会给对方带来的利益和具体做法。此外还要做好及时响应客户要求，提供令客户满意的产品和服务的准备工作。

▲关注

注意"その品質はほかのどんな商品より優れています""No other competitors can match its quality""任何竞争品都无法匹敌其品质"之间的对应关系和互译文本。

▲相关表达

潜在販売力；sales protential；销售潜力

新製品の販売を促進する；promote the sales of new products；促进新产品的销售

販売を貴社に託す；entrust the sale of our products to you；委托贵公司销售

販売を容易にする；facilitate a sale；使销售变得容易

在庫している；（have/keep）in stock；有库存

在庫が不足している；do not have sufficient stock；库存不足

在庫が少ない；stocks run low/stocks are low；库存不多

在庫が出払う；stocks are cleared；库存售罄

在庫切れである；be out of stock/be exhausted；没有库存 / 断货

在庫から間に合う。Goods are available from stock. 商品可从库存中调剂。

喜んで貴社の御用命に応じます。We are quite willing to be at your disposal. 很乐意悉听尊便。

当社製品は最高の原材料と最高の技術の成果であり、デザイン、信頼性とも最も優れています。Our products are of the best materials and the highest techniques and are second to none in design and reliability. 我公司产品是最佳原材料和最高技术的成果，外形和可靠性均属最佳。

販売促進資料を同封致しますが、当新製品が全世界で強熱的な歓迎を受けていることがお分かりいただけると存じます。We are enclosing some promotional literature in which you will see what an enthusiastic welcome our new products have received all over the world. 随函寄送促销资料。贵公司可通过这些资料了解到该款新产品在全世界受到狂热追捧的情况。

ちょっと比較してくだされば当社の品物を試験的に発注してくださると存じます。A simple comparision will no doubt induce you to let us have your trial order. 我公司认为，如果贵公司稍做比较，就会试验性地向我公司订货（就会向我公司试单）。

七、低价推销

拝啓　近頃当社がドローンの新製品を発売しました。それが日本市場向けに特別にデザインされたものなので、必ずご興味をお持ちになるように存じます。

お調べいただけるように、見本、価格表、販売促進資料を一式送っております。当該製品は最上品であり、販売価格も競争的であると信じております。

同封の注文書を御利用くだされば、きっとご満足いただけるでしょう。

敬具

Dear Sirs,

We have recently launched a new product of drone, which is specially designed for the Japanese market. We believe you will be interested in it.

We have sent our sample, price list, and a full set of promotional literature for you to examine. We are sure that the product is of top-quality and competitive price.

You may use the enclosed order form and will be completely satisfied.

Yours faithfully,

敬启者：

我公司最近上市了一款无人机的新产品。这款产品专为日本市场设计，相信贵公司一定会有兴趣。

我公司已将样品、价格表和全套促销资料寄呈贵公司，以便贵公司调研。我公司相信，该款产品质量顶级，且价格具有竞争性。

如贵公司使用随函寄送的订货单，一定会感到十分满意。

敬上

▲讲评

推销新产品的函电，一般会提到以下几点：新产品物美价廉；新产品为对方市场设计或适合对方市场；新产品设有专门的降价促销时间段；对方采购将获取更大利润。如果是已在其他市场长期销售的产品，还可以提及在其他市场的销售表现，并比较促销价格与未来的正常销售价格的区别，让客户有客观的了解。为了方便客户调研，可以随函或另行寄送样品、产品说明、价格表、促销资料等。为方便客户采购，还可以随函寄送订货单，让对方提前了解卖方格式合同或条款的内容等。

▲关注

注意"近頃当社がドローンの新製品を発売しました。それが日本市場向けに特別にデザインされたものなので、必ずご興味をお持ちになるように存じます""We have recently launched a new product of drone, which is specially designed for the Japanese market. We believe you will be interested in it""我公司最近上市了一款无人机的新产品。这款产品专为日本市场设计，相信贵公司一定会有兴趣"的对应关系和互译文本。

▲表达

それが日本市場向けに特別にデザインされた; be specially designed for the Japanese market; 专为日本市场设计/专门面向日本市场设计

▲相关表达

価格は手頃だ。The price is reasonable. 价格合理。

価格は引き合う。The price is workable. 价格合算。

価格を当社の判断にお任せくださるなら、貴利益の増進のために最善を尽くします。If you could leave the price to our discretion, we are willing to do our utmost to increase your profit. 如贵公司能把价格交由我公司考虑，我公司将尽最大努力增加贵公司利润。

価格はできるだけ引き下げておりますので、これ以上は品質を落とすことになります。As the price has been reduced to the lowest level, further reduction would not be possible without a sacrifice of quality. 价格已经降至底线，再降势必影响质量。

第二节　合同谈判

合同谈判的过程始于表明交易意向，终于合同生效，一般包括询盘、报盘、还盘（及反还盘）、接受、签约、生效等几个环节。

询盘，也称询价，指询盘人向对方询问特定商品的各种信息，如品名、品牌、规格、数量、包装、运输、保险、交货期、交易条件、价格、折扣、支付方式、各种保障等。询盘可以是买方向卖方提出，要求卖方提供产品情况、交易条件等作为参考，以便在内部商讨，决定是否购买。询盘也可以是卖方向买方提出，询问买方对产品的要求、所希望的交易条件等，或提供产品情况和交易条件，征询买方的出价等，并在内部商讨，以决定是否出售产品。询盘在法律上并没有约束性，即使是书面询盘也不具有法律效力。但询盘是购买意向或销售意向的表示，是合同谈判的开始，应该认真对待，使交易有一个良好的开端。询盘要给报盘限定一个有效时间范围，超出时间范围的报盘即为无效。

收到询盘后及时而准确地予以回复很重要。以买方向卖方询盘为例，收到询盘后，卖方应尽快向对方提供各种资料，介绍本公司产品，强调产品的独特性和优越性，阐明交易条件的优越性和竞争性，说明售后服务的周到性，表明交易的诚意，甚至可以表态部分或全部接受对方的要求。

报盘，也称报价，较之针对询价的回复函和推销函更进了一步，内容也更具体。报盘是将交易条件、数量、品质、包装、交货期、价格等内容以书面形式明示给对方的文件。报盘一般由卖方提交给买方，称为卖方报盘。报盘通常以书面形式进行，并写明有效期，要求买方在此时间内予以答复。一旦买方接受全部报盘条件，交易即告达成。

还有一种买方发给卖方的报盘，称为买方报盘。这种报盘由买方主动提出交易条件等，一旦卖方接受，交易即告达成。

报盘在法律上需要满足以下条件：向一个或数个特定对象发出；内容确定；一旦对方接受，报盘人即受报盘条件的约束。

但无论是卖方报盘还是买方报盘，都存在另一方不接受的情况。当一方对对方的报盘内容有不满意之处，不能直接接受并形成契约关系时，他可以对报盘条件提出异议，要求报盘人进行修改。这就是还盘，也称还价。卖方或买方接到还盘后可以接受，也可以不接受并再次还盘。这种还盘称为反还盘。每次还盘或反还盘都是一次新的报盘，而且还盘和反还盘可以多次反复，直到一方接受另一方的还盘或反还盘，达成交易，或不接受而终止本次磋商。一旦对方接受还盘或反还盘，相关还盘或反还盘即具有法律约束力。

接受，也称承诺，指接盘人对对方报盘、还盘或反还盘的内容、条件等表示同意和接受，承诺按此条件成交的行为。一旦接受，交易即告成功，合同关系即告形成。

关于接受，有几点需要注意。第一，沉默不代表默认，不构成接受。第二，接受必须由接盘人做出。第三，接受必须在报盘、还盘或反还盘所规定的有效期限内做出，滞后的接受需要事先通知对方才可能被视为有效。第四，接受必须是无条件的，因此任何有异议之处都必须在双方反复的还盘（即俗称的“讨价还价”）过程中达成一致。有所保留的接受不能成立，但如果双方同意，可以作为还盘或新一轮反还盘。

报盘、还盘（包括反还盘）的生效一般采取“到达主义”（也称“送达主义”），即在报盘人的书面文件送达接盘人时生效。但在送达之前，发盘人发出了撤回通知，且该通知先于报盘或与报盘同时送达对方，则报盘、还盘或反还盘可以撤销。不过，关于报盘的生效和撤销，各国的规定不尽相同，需要具体情况具体分析。一些欧美国家实行“投邮主义”，只要报盘离开报盘方之手，不论是交给邮局还是交给电信局等中介传递机构，即视为生效。

事实上，不仅是报盘、还盘、反还盘环节，接受环节也有到达主义和投邮主义之分，在实际工作中须加注意。

合同，也称契约，是合同谈判的直接成果，形成于接盘方接受之时。合同的生效时间一般与合同的形成时间一致，但也有在合同中另行规定生效条件和时间的做法。合同有很多种形式，被接受的报盘、还盘或反还盘，被接受的订单、销售单、格式合同，双方专门签订的契约书、合同书等都是合同的基本形式。合同还有口头形式的，但我们建议在国际商务和贸易的实务中采用书面形式的合同。

不论合同采取什么形式，也不论合同的简繁程度，一般来说，货物买卖合同的内容应包括五大板块：第一，合同标的，即对合同货物的描述，包括合同货物的名称、品牌、型号、规格、技术规范、品质、数量、检验和验收标准等方面的规定；第二，标的的价格，包括币种、单价、分项价、总价、折扣、汇率等方面的规定；第三，价格的支付，包括支付条件、支付方式、支付批次等方面的规定；第四，标的的交付，包括交货期、交货条件、包装及标记、运输方式（内陆运输、海运、空运）、保险、验货、商检、通关、接货、储存、安装、调试、验收等方面的规定；第五，法律和惯例的保障，包括合同所依据的法律（各种国际公约、各国合同法等国内法等）、惯例（贸易术语、信用证、保险、判例等）、不可抗力、违约责任和违约金、索赔、知识产权保护、保密条款、税金条款、纠纷解决（和解、协商、调解、斡旋、仲裁、诉讼）、生效条件、解释权、文本效力（正本、副本、复制文本）、使用语言、有效期、修改和变更、防止垄断、反腐败、反童工等许多条款。

这里，我们结合有关国际惯例，简单讲解货物保险、价格条件和支付方式。

所谓货物保险，是指国际贸易中针对货物在运输过程中可能遇到的风险而设立的通过保险手段规避这些风险可能带来的损失的惯例做法。保险惯例主要有中国人民保险集团股份有限公司［the People's Insurance Company（Group）of China Limited, PICC］的《中国保险条款》（China Insurance Clauses, CIC）、伦敦保险协会（Institute of London Underwriters, ILU）的《协会货物保险条款》（Institute Cargo Clauses，ICC）和新协会条款。各种惯例独立采用。

运输有海运、空运和陆运之分，对应的保险分别为海运保险、航空运输货物保险、陆运保险。保险有各种不同的险种，如淡水雨淋险、受潮受热险、混杂沾污险、串味（变味）险、锈损险、破损破碎险、包装破裂险、舱面险、短量险、交货不到险、拒收险、进口关税险、战争险、罢工险等。还有应对多种不同风险的相对综合的险种，如平安险（单独海损不赔）（F.P.A）、水渍险（承保单独海损）（W.A 或 W.P.A）、一切险（A.R）、附加险（E.R）和特别附加险（S.E.R）等。

关于价格条件，在国际贸易中通常应依照惯例表述，以求界定准确，省去烦冗，避免后患。关于价格条件的惯例，目前实行的是2011年1月1日生效的《国际贸易术语解释通则2010》（Incoterms 2010）。这个通则总结了人类国际贸易史上的经验，把买卖双方当事人在交付货物过程中的风险转移界线、货物成本、各自的工作和作用、运输安排及运费、保险安排及保费、通关手续及费用等义务，综合分成了11类，并缩写为三个英文字母，形成了术语。按照卖方负担从小到大的顺序，具体术语的名称排列如下。

适用于任何运输方式的价格术语有：

EXW（Ex Works）：工場渡し，工厂交货（指定交货地点）

FCA（Free Carrier）：運送人渡し，货交承运人（指定交货地点）

CPT（Carriage Paid to）：輸送費込み，运费付至（指定目的地）

CIP（Carriage and Insurance Paid to）：輸送費・保険料込み，运费、保险费付至（指定目的地）

DAP（Delivered at Place）：仕向地持込渡し，所在地交货（指定目的地）

DAT（Delivered at terminal）：ターミナル持込渡し，目的地或目的港的集散站交货（指定目的地或目的港）

DDP（Delivered Duty Paid）：仕向地持込渡し・関税込み，完税后交货（指定目的地）

只适用于海运和内河运输的价格术语有：

FAS（Free Alongside Ship）：船側渡し，装运港船边交货（指定装运港）

FOB（Free on Board）：本船渡し，装运港船上交货（指定装运港）

CFR（Cost and Freight）：運賃込み，成本加运费（指定目的港）

CIF（Cost, Insurance and Freight）：運賃・保険料込み，成本加保险费、运费（指定目的港）

国际贸易的支付方式有多种，常见的基本方式分类如下：

汇票支付——跟单汇票、光票、本票、支票

现金汇款——电汇（T/T）、邮汇（M/T）、票汇（D/D）

其他方式——冲抵、海外账户等

跟单汇票有付款交单（D/P）、承兑交单（D/A）、信用证（L/C）等方式。

所谓跟单，是指卖方在提交汇票或信用证要求支付时，必须一并提交货权凭证以及用于提货、商检、通关、索赔等的完整的成套单证。这些单证包括但不限于发票（Invoice）、装箱单（Packing List）、提单（Bill of Lading）、保单（Insurance Policy）、原产地证明（Certificate of Origin）、价格表（Price List）。顺便说明一下，海运提单为货权凭证，属于有价证券，但航空提单不是货权凭证。

从操作和风险角度来看，电汇对买方而言风险最大，但操作简单，在老客户之间比较常用。付款交单和承兑交单操作起来比电汇复杂，对买方而言风险相对较小，但对卖方而言风险相对较大。这种支付方式由于存在交单环节，采用得相对较多。信用证是用银行信用做担保的支付方式，涉及的当事人多，操作过程复杂，但对卖方而言相对安全，风险较小，且由于其跟单性质，对买方而言风险也较小，因此这种方式极为常用，尤其在新客户交易、重要交易、复杂交易、大额交易中广为使用。

根据《跟单信用证统一惯例》（Uniform Customs and Practice for Documentary Credits, UCP 600），信用证分为可撤销和不可撤销、保兑和不保兑、即期和远期、可转让和不可转让、循环、对开等数种。

合同谈判可以是买卖双方面对面的口头谈判，也可以是通过函电的书面谈判。

中国的合同法规定，口头约定也是契约（合同）形式之一，具有法律效力。实际上，这种契约行为在人们的日常生活中几乎无处不在，比如商场购物、餐厅用餐等。这些活动没有书面合同，属于依据口头契约或社会公认契约进行的经济活动。

口头语言具有灵活性、多样性、瞬时性的特点，这导致口头契约具有不稳定性，难以留作证据，一旦交易发生纠纷，处理起来十分麻烦。鉴于此，人们在国际商贸活动，尤其是在重大交易中，通常采用书面形式的契约——书面合同。即使是口头谈判，在重大环节中、重要事项上也会留下谈判记录等书面形式的确认文件，并最终签订书面合同，作为执行的依据和处理纠纷时的举证依据。

需要说明的是，函电是为形成各阶段标志性成果文件而进行书面联络时留下的记录性文件。因此，原则上函电本身并非各阶段的标志性成果文件。比如，询价阶段的函电不一定就是询价单，报价阶段的函电不一定就是报价单，还价阶段的函电不一定就是还价单，接受阶段的函电不一定就是接受单，合同签署阶段的函电不一定就是合同。但如果将相关内容写在函电里，使函电具备了各阶段的成果特征和功能时，函电也可以作为各阶段的成果文件。

本书所涉及的谈判是通过函电进行的国际商贸合同谈判，以下是合同谈判各阶段的函电实例。

一、见广告后询盘

拝啓　『人民中国』で御社の広告を拝見し、御社の HUAWEI シリーズ携帯電話の全種類を購入したく存じます。

問い合せ状を同封し、それに掲載されている品目について見積もっていただけるようお願いします。取引条件は大阪港までの運賃・保険料込み価格（CIF 大阪）としますが、最短納入日、支払条件、定期購入に対する割引についても明記していただければありがたく存じます。

当社の年間必要量はかなりの量となりますので、御社におかれましても、カタログと仕様の明細をお送りいただけるものと存じます。

敬具

Dear Sirs,

We have seen your advertisement in *People's China* and would like to purchase all kinds of your HUAWEI series mobile phones.

We have enclosed herewith an inquiry sheet and please quote us for the items listed. Trade terms is CIF Osaka. Please also state your earliest delivery date, terms of payment and discounts for regular purchases.

As our annual demand for mobile phones is considerable, perhaps you would also send us your catalog and details of specifications.

Yours truly,

敬启者：

我公司在《人民中国》上看到贵公司广告，希望采购贵公司所有种类的华为系列手机。

随函寄送询价书，请就所列商品报价。交易条件是至大阪港的成本加保险费、运费价格（CIF 大阪），并请写明贵公司的最早交货日期、支付条件以及对定期采购的折扣。

我公司每年对手机的需求量相当可观，想必贵公司会寄来产品宣传册和规格细目。 敬上

▲讲评

这是一封要求报价的函电，随函寄送了询价书。函中询问了交易的基本条件。价格条件是国际贸易中最常用的CIF，由卖方安排运输、保险，费用含在价格中。货物的数量、包装、险种、运输方式、费用的支付条件等的不同，会造成不同的交易价格，并影响到最终的交易结果。函中特别提到可能会长期采购，要求写明折扣，还请对方提供产品宣传册和规格细目。在大部分情况下，买方在决策前一般都会要求先看这些材料，这是一种商业习惯。

这封函电是买方看到杂志广告之后发出的。买家在看到任何媒体上的广告、展会上的样品，或对厂家进行考察等之后都有可能发出类似函电进行询价。

这种函电可视为交易的开端。

▲关注

注意“当社の年間必要量はかなりの量となりますので、御社におかれましても、カタログと仕様の明細をお送りいただけるものと存じます”“As our annual demand for mobile phones is considerable, perhaps you would also send us your catalog and details of specifications”“我公司每年对手机的需求量相当可观，想必贵公司会寄来产品宣传册和规格细目”之间的对应关系和互译文本。

▲相关表达

貴商品の詳細と最短納期をお知らせください。Please let us have (send us) full details of your goods and state your earliest delivery date. 请告知贵公司商品的详情及最早交货期。

貴商品の詳細をお知らせくだされば有難く存じます。We would appreciate full particulars of your merchandise. 如蒙告知贵公司商品的详情，我公司将不胜感激。

下記の商品の最低価格を御通知ください。Please quote your lowest prices for the items listed below. 请告知我公司下列商品的最低价格。

10月積みで貴商品500台の価格を出してください。Please quote us for supply of 500 units of your goods for October delivery. 请报贵公司产品500台10月交货的价格。

価格は上海港本船渡しでお願いします。We would appreciate it if you could quote in FOB Shanghai. 请按 FOB 上海港的价格条件报价。

大口注文に対する値引き額をお知らせください。Please inform us what discount you can allow us for large order. 请告知大批量订货的折扣金额。

二、比较完整的报盘

太田太郎　殿

6月7日付レターで貴引合いをいただき、ありがとうございます。
7月6日までに貴社からの承諾を受け取ることを条件に、以下のとおりオファーいたします。

モデル	数量	単価	合計
HUAWEI X40 PRO	1,000 台	US$300.00	US$300,000.00

貿易条件：CIF 大阪
積み出し港：中国・深圳
仕向け港：日本・大阪
支払条件：信用状付きの一覧払手形
船積時期：2021年8月16日までに
保険：ICC 条件（A）、オール・リスク、CIF 価格 ×110%
梱包：標準的輸出梱包

当商品は人気のため在庫が逼迫しております。このオファーを承諾されることをお勧（すす）めします。

色（いろ）よい御返事（おへんじ）をお待（ま）ちしております。　　敬具（けいぐ）

Dear Mr. Taro Ota,

Thank you very much for your inquiry of June 7.
Our quotation is as follows on condition that you have accepted it before July 6.

Model	Quantity	Unit Price	Amount
HUAWEI X40 PRO	1,000 units	US$300.00	US$300,000.00

Trade Terms: CIF Osaka
Port of Shipment: Shenzhen, China
Port of Destination: Osaka, Japan
Payment Terms: At sight draft under the L/C
Time of Shipment: By August 16, 2021
Insurance: ICC Condition（A）, All Risks, for CIF price plus 10%
Packing: Standard export package

Since inquiry for this item is increasing, our stocks are rapidly running short, so we would recommend that you accept this offer.
We look forward to receiving your favorable reply soon.

Yours Sincerely,

尊敬的太田太郎先生：

6月7日贵函所示询价收悉，非常感谢！
我公司以贵公司7月6日前接受为条件报价如下：

型号	数量	单价	总价
HUAWEI X40 PRO	1 000部	300.00美元	300 000.00美元

贸易条件：CIF 大阪

装 运 港：中国·深圳
目 的 港：日本·大阪
支付条件：信用证项下的即期汇票
交 货 期：2021年8月16日前
保　　险：协会货物保险条款之一切险，CIF 价格 ×110%
包　　装：标准出口包装

该产品很受欢迎，库存急剧减少，建议贵公司接受本报价。
期待贵公司的积极回复。

敬上

▲讲评

这是卖方收到买方询价函后发出的一份比较完整的报价函，一旦买方回函接受，交易即告成立。之后的手续可有几种选择：双方另行签订正式合同；买方在回函接受时根据报价内容发去确认后的订单；卖方在买方接受后出具正式销售单。即使双方不再签署任何书面文件，根据买方的接受函亦可进行交易。

▲表达

…ことを条件に（として）；on condition that...；以……为条件

在庫が逼迫しております。Stocks are rapidly running short. 库存急剧减少。

三、接受报盘

豆夢　殿

3月10日付のオファー、有難うございます。
当社は携帯電話 HUAWEI X40 PRO を 1,000 セット発注します。
注文書を添付しましたので、ご確認ください。
速やかな船積をしていただければ幸いです。
また、船積日の御連絡をお待ちしております。　敬具

Dear Miss Dou Meng, Thank you very much for your offer of March 10. We are pleased to place an order for 1,000 units of HUAWEI X40 PRO mobile phones. The details have been written in the attached purchase order. We would appreciate the prompt shipment and hope that you will inform us of the shipment date soon. Sincerely,
尊敬的豆梦小姐： 非常感谢贵公司3月10日的报盘！ 我公司订购型号为HUAWEI X40 PRO的手机1 000部。 相关内容已经写在附件的订单中。 如贵公司能迅速交货，我公司将十分感谢！ 请贵公司尽快告知交货日期为盼！ 敬上

▲讲评

买方决定接受卖方的报价，发订单订购卖方产品。在函电中表达清楚意向和标的，提出自己的希望即可，详细交易信息可在订单中写明。

随函寄去的订单一旦被卖方接受，就会成为合同的一种形式。买方起草并提供书面订单，本质上就是在与卖方争夺合同起草权。通常而言，合同总是谁起草就对谁有利，合同越复杂越是如此。因此，我们应该在国际贸易实务中争取合同起草权，以获先机，也可避免对方在起草合同时“挖坑”，己方在审阅时没有发现，最后于己不利。

从本函的格式可以看出，这是一封电子邮件，附件中应有订单扫描件。如今，电子邮件在国际贸易实务中的地位已得到某种程度的承认。在实务中使用电子邮件已成趋势，尤其在熟客之间更是如此。使用电子邮件的缺点在于，对方见不到签字盖章的正本订单或合同原件，只能看到扫描件。单凭电子邮件，一旦发生纠纷，法庭举证会有困难。所以，在通过电子邮件沟通并成交后，通常会向对方寄送重要合同的纸质正本。

▲关注

注意“速やかな船積をしていただければ幸いです。また、船積日の御連絡をお待ちしております”“We would appreciate the prompt shipment and hope that you will inform us of the shipment date soon”“如贵公司能迅速交货，我公司将十分感谢！请贵公司尽快告知交货日期为盼”之间的对应关系和互译文本。

▲表达

速やかな船積；prompt shipment；迅速交货

…をしていただければ幸いです。We would appreciate... 如蒙……则幸甚。

…の御連絡をお待ちしております。We hope that you will inform us of... soon. 请（贵公司）尽快告知……为盼。

四、拒绝报盘

拝啓　テレビ1,000台に対する2月 2 日付のオファー有難うございました。

残念ながら、貴社が提供されたこのブランドのテレビは、見積価格に見合った品質に達していませんので、このオファーはお受けいたしかねます。

敬具

Dear Sirs,

Many thanks for your offer of February 2 for 1,000 units of TV.

We regret that the TVs of this brand provided by your company is not of the quality we expect to purchase according to the quotation, so we are unable to accept it.

Yours faithfully,

敬启者：

贵公司2月2日关于1 000台电视机的报价收悉，非常感谢！

贵公司提供的该品牌电视机的品质未达到能让我公司按照所报价格采购的水平，故我公司无法接受该报价，深感遗憾。

敬上

▲**讲评**

作为买方，当然可以拒绝卖方的报价，但在写拒绝报盘的函电时应注意措辞。无论是作为谈判手段，还是确实无意购买，都应该考虑到对方的立场和今后的合作，不能失礼。

▲**关注**

注意“残念ながら、貴社が提供されたこのブランドのテレビは、見積価格に見合った品質に達していませんので、このオファーはお受けいたしかねます”“We regret that the TVs of this brand provided by your company is not of the quality we expect to purchase according to the quotation, so we are unable to accept it”“贵公司提供的该品牌电视机的品质未达到能让我公司按照所报价格采购的水平，故我公司无法接受该报价，深感遗憾”之间的对应关系和互译文本。

▲**相关表达**

当社顧客は韓国製の期近物の商品が多量にあるので、ちょっとの高値にも我慢できないと言います。Our customers say that they can not put up with it even if the price is just a little higher because a large number of Korean commodity futures are about to be delivered. 我公司顾客说，因为有大量韩国产商品期货即将到期交货，所以哪怕价格高一点点都不能忍受。

五、还盘（要求降价）

拝啓　1月2日に送ってくださった見本とカタログを詳しく検討いたしました。

子供靴を除いて、価格には同意します。同意しかねる方の価格は、こちらの市場では競争力が足りませんので、6％切り下げていただきたく存じます。

もしご了承していただければ、50,000米ドルまで注文する用意がございます。一方、残りの分の注文を同封しますので、できるだけ早くいただけますようお願い申し上げます。

敬具

Dear Sirs, We have examined closely the samples and catalogs you sent us on Jan. 2. Except for the price of children's shoes, we agree to the price you quoted. The price of children's shoes is not competitive enough for the market here, and we would ask you to reduce it by 6%. If you agree, we are prepared to make our order up to US$50,000. We enclose our order for the remainder, and hope to receive the goods as soon as possible. Yours faithfully,
敬启者: 我公司已经仔细研究了贵公司1月2日寄来的样品及宣传册。 除童鞋以外,我方同意贵公司所报价格。童鞋价格因在本地市场没有足够竞争力,我方不能同意,希望贵公司降价6%。 如蒙贵公司理解,我公司准备将订货增至50 000美元。随函寄去剩余部分的订单,希望尽快收到货物。 敬上

▲讲评

买方得到卖方的报价和样品,研究后发现童鞋价格偏高,没有竞争力,于是发函说明情况,要求降价,告知对方如果降价,可将订货额度增至5万美元,并在上次询盘数量的基础上,随函发去了剩余部分的订单。

在国际贸易中买方要求卖方降价的原因有很多,不仅有本函所说的价格竞争力不足的原因,客观上还有汇率变动、本地市场销售价格下降等原因。比如,当买方货币贬值或卖方货币升值,而且幅度足以影响买方采购决心时,买方就会向卖方提出降价的要求。这样做的目的是把汇率风险全部或部分地转嫁给卖方。

对此,卖方当然可以拒绝,放弃这单生意。但如果商品利润空间较大,可以承担这部分降价,或考虑到长期合作关系及今后的市场占有情况,或纯粹出于做大营业额而不追求利润的目的,只要能够承担少赚、不赚甚至亏本的风险,就可以答应买方的降价请求。

只要形式恰当、表述得体,买方可以尝试向卖方提出降价要求,不应想当然地认为卖方肯定不会让步而放弃提出降价要求的机会。

▲表达

…を除いて、価格には同意できます。Except for..., we agree to the price you quoted. 除……以外，我方同意贵公司所报价格。

注文する用意がございます；be prepared to make our order；准备订货 / 有订货的心理准备。

▲相关表达

前の取引は優遇価格で取引したので、今回も同じ値引きを期待しております。As the previous price was quite favorable, we expect the same discount this time. 上次的交易价格我方十分满意，期待此次能够给予相同折扣。

もし今の機会を逃せば、貴社はもっと高い価格でもこの品を入手できないかもしれません。If you miss this opportunity, you may not be able to obtain the item even at a higher price. 如果错过这次机会，贵公司也许出更高的价格也拿不到此货了。

この機会を見逃さないようにお勧めします。We advise you not to miss this opportunity. 建议贵公司不要错过这次机会。

六、反还盘（关于要求降价的还盘）

拝啓　6月3日の貴引合い有難うございました。貴書でリストプライスから5%の特別値引きを求めておられます。

ご注文に感謝しますものの、当社のリストプライスはすでに最低限度に値引きしており、国際市場では、このような価格で当商品を入手できるところは当社以外にはないことを申し上げたく存じます。

しかし、ご注文を1,500台に増やすようにご配慮くださるなら、御要求の5分引きを喜んで認めさせていただきます。御確認をお待ちいたします。

最大の敬意をこめて　　敬具

Dear Sirs, 　　Thank you for your inquiry of June 3. In your letter, you ask us for a special price discount of 5% off the list price. 　　While appreciating your order, we have to tell you that our list price has already been cut substantially, and that no one else would sell the goods at our rates. 　　However, we should be glad to give you the requested 5% discount if you raise your order to 1,500 units and we await your confirmation. 　　With our best regards, Yours faithfully,
敬启者： 　　贵公司6月3日询价函悉，非常感谢！贵函要求我公司在目前定价的基础上给予5%的特别折扣。 　　我公司感谢贵公司的订货，但该定价已是最低价。我公司愿告知贵公司，除我公司以外，国际市场上没有任何公司能以此价格出售该商品。 　　不过，如果贵公司能把订货增加到1 500台，我公司很乐意降价5%。恭候贵公司确认。 　　致以最高敬意！ 敬上

▲讲评

这是关于价格折扣的反还盘的函。买方在还盘中提出了95折的要求，于是卖方在反还盘中解释定价已经很低，难以再降，但提出如果买方增加订货数量，就乐意降价5%，并等待买方确认。讨价还价在生意场上十分常见，相关技巧和公平原则也是我们要学习和掌握的。

此外，在做生意时，尤其是在谈判过程中，一定要对行情、竞争对手足够了解，在此基础上强调自己的价格、品质、交货期等交易条件是竞争对手所无法匹敌的。这是一个要点。

另外，本则日文函电中结尾寒暄语使用的是“最大の敬意をこめて”，这受到了英文函电表达方式的影响。

▲关注

注意“貴書でリストプライスから5%の特別値引きを求めておら

れます”“In your letter, you ask us for a special price discount of 5% off the list price”“贵函要求我公司在目前定价的基础上给予5%的特别折扣”之间的对应关系和互译文本。

注意“ご注文に感謝しますものの、当社のリストプライスはすでに最低限度に値引きしており、国際市場では、このような価格で当商品を入手できるところは当社以外にはないことを申し上げたく存じます”“While appreciating your order, we have to tell you that our list price has already been cut substantially, and that no one else would sell the goods at our rates”“我公司感谢贵公司的订货，但该定价已经是最低价。我公司愿告知贵公司，除我公司以外，国际市场上没有任何公司能以此价格出售该商品”之间的对应关系和互译文本。

▲表达

…ことを申し上げたく存じます。We have to tell you that... 我公司愿意告知（贵公司）……

…ようにご配慮くださるなら、御要求の…を喜んで認めさせていただきます。We should be glad to give you... if... 如果贵公司……，我公司很乐意……

▲相关表达

貴社との取引高を増やしたいので特別割引価格にしましたが、現在の在庫がなくなれば二度とこの価格は出せません。As we want to expand our turnover with you, we have quoted a special preferential price. We shall be unable to quote the same price when our present stock is exhausted. 我公司为了增加与贵公司的交易额，提供了特别优惠价。但如果目前的库存售罄，我公司将无法再次报出这样的低价。

当社の見積もりが高いと考えられていると承って残念です。We regret to learn that you think our quotation is too high. 得知贵公司认为我公司报价太高，我公司深感遗憾。

七、反还盘(拒绝还盘并提出新条件)

拝啓　12月5日付の貴反対申込みに感謝いたします。その中で、もっと安い価格でモデルSD-2021の購入を求められています。

その価格でお役に立ちたいと存じますが、一方、すでに価格を最低限度まで切り下げており、これ以上値引きする余地がまったくないことを申し上げざるを得ません。

そこで、貴意に沿うため、購入意向をお持ちの品物の代替品としてモデルSD-2019をお勧めします。これは品質がより優れておりますし、今回に限ってリストプライスから5%のスペシャルディスカウントで提供いたします。

早急のご承諾をお待ちしております。

敬具

Dear Sirs,

Thank you for your counteroffer of Dec. 5, in which you request for purchacing our model SD-2021 at a lower price.

We would like to help you in the matter of price you mentioned. But we have to say that there is no room to make any further reduction in price as the price has already been reduced to the absolute minimum.

However, in order to meet your demand, we recommend our model SD-2019 as a substitute for the goods you would purchase. This is superior in quality and we will offer a special discount of 5% off the list price only for this time.

We await your earlier acceptance.

Yours faithfully,

敬启者:

感谢贵公司12月5日的还盘。贵公司在还盘中希望以更低的价格采购SD-2021型。

我公司愿在价格方面为贵公司效力,但却不得不说,由于价格已经降到最低,已无进一步降价的空间。

但为满足贵公司需求,我公司推荐SD-2019型作为贵公司所要采购的商品的替代品。该款品质更优,我公司愿在定价的基础上给予贵公司5%

的特别折扣，但仅限此次。

恭候贵公司尽快接受！

敬上

▲讲评

卖方在报盘后收到了买方要求进一步降价的还盘。卖方坦陈价格已经降到最低，没有余地再降。但函电并未就此结束，卖方接着提出了替代方案，并提出降价方案供买方参考。这种积极的姿态非常可取。

这封函电通篇表现出了卖方的诚意和对买方的尊重。这样的拒绝还盘的函电不但不会引起对方的反感，相反还会赢得好感和尊重，使反还盘转化为新的商机。由此可见，拒绝对方的降价请求时须避免失礼，且可以再次强调本公司产品的优越性，或提出替代方案。

▲关注

注意“すでに価格を最低限度まで切り下げており、これ以上値引きする余地がまったくない”“There is no room to make any further reduction in price as the price has already been reduced to the absolute minimum”“由于价格已经降到最低，已无进一步降价的空间”之间的对应关系和互译文本。

注意“貴意に沿うため、購入意向をお持ちの品物の代替品としてモデルSD-2019をお勧めします”“In order to meet your demand, we recommend our model SD-2019 as a substitute for the goods you would purchase”“为满足贵公司需求，我公司推荐SD-2019型作为贵公司所要采购的商品的替代品”之间的对应关系和互译文本。

▲表达

これ以上値引きする余地がまったくない。There is no room to make any further reduction in price. 已无进一步降价的空间。

貴意に沿う；meet your demand；满足贵公司需求（愿望）

購入意向をお持ちの品物；the goods you would purchase；所要采购的商品

今回に限ってリストプライスから5%のスペシャルディスカウントで提供いたします。We will offer a special discount of 5% off the list price only for this time. 我公司愿在定价的基础上给予贵公司5% 的特别折扣，但仅限此次。

▲相关表达

どうか失望しないでください。状況が変わり、値下げできるようでしたらお知らせします。Please don't be disappointed. If the situation changes and we can reduce the price, we will inform you immediately. 请切勿失望。一俟情况变化，可以降价，我公司将立即通知贵公司。

この価格では残念ですが、注文をお受けできません。We regret that your price does not allow us to accept the order. 很遗憾，我公司不能按此价格接受订货。

御指定の価格では、注文を謝絶しなくてはなりません。We have to decline the order at the price you specified. 按照贵公司指定的价格，我方不得不谢绝此次订货。

当社は利ざやが薄いため、これ以上の値引きは不可能です。Our profit margin is so low that it is impossible for us to make any further concession. 我公司利润极薄，已无可能降价更多。

八、反还盘（提出增加数量则可接受订单）

拝啓　8月31日のお手紙から、当社のオファーに魅力を感じなかった旨を知り、大変残念です。

当社の商品は、価格は若干高いですが、品質ははるかに優れていることをご了承いただきたく存じます。

一方、ご注文を当社の最少生産量である100台に増やしてくだされば、15%の値引きを喜んで認めさせていただきます。

よい御返事をお待ちしております。　　敬具

Dear Sirs,

We are very sorry to learn from your letter of Aug. 31 that our offer is not attractive to you.

<table>
<tr><td>
We would like to let you know that although our goods are slightly expensive, their quality is much superior.
However, if you can increase your order to 100 units which is our minimum production capacity, we will be glad to grant you a discount of 15%.
We look forward to your favorable reply.
Yours faithfully,
</td></tr>
<tr><td>
敬启者：
我公司非常遗憾地从贵公司8月31日来函中得知，我方报价对贵公司不具吸引力。
我公司想请贵公司了解，虽然我方商品价格略高，但其品质却非常优良。
如贵公司能够把订货量增加到我公司最低生产量100台，我公司将很乐意降价15%。
我公司期待贵公司的好消息。
敬上
</td></tr>
</table>

▲讲评

发盘人因报价较高被对方拒绝，此复函向对方解释了报价高的原因，并提出了只要对方把订货数量增加到最低生产量便可降价的新方案，形成了对还盘的反还盘。

▲表达

お手紙から、…旨を知り、大変残念です。We are very sorry to learn from your letter that... 从来函中得知……，非常遗憾。

当社のオファーに魅力を感じない。Our offer is not attractive to you. 我方报价对贵公司不具吸引力。

▲相关表达

ご要求には早速検討いたします。We will consider your request at once. 我公司将立即考虑贵公司的要求。

これだけの数量の注文に対しては、リストプライスから卸売割引を期待します。For an order of such a large quantity we expect a wholesale discount off your list price. 针对如此大量的订货，我方期待能够得到低于定价的批发折扣。

この大口注文に対し、数量割引をしてくだされぱありがたく存じます。

This order is rather large and we shall be grateful if you make a quantity discount. 对这笔大宗订货，如蒙给予数量折扣，我方将非常感谢。

この価格では製造を考えるほどの魅力はありません。The price is not attractive enough for us to consider the manufacture of this item. 此价格不足以吸引我公司考虑生产。

九、请求接受

拝啓　当社は、最高機能の HUAWEI X40 PRO を供給し続けることをお知らせします。ご注文量が 1,000 台を超えた場合、5% の特別ディスカウントを条件に喜んで提供させていただきます。

新製品につき価格の上昇が著しく、次回ははるかに高くなるでしょう。したがって、このオファーを早急に利用されるようお勧めいたします。

当オファーは 1 週間有効です。

敬具

Dear Sirs,

We would like to announce that we can continue to provide HUAWEI X40 PRO of the best function. We are pleased to offer a discount of 5% on orders of 1,000 or more phones.

With the increase of the price of new products, the next consignment will be much dearer, so we recommend you to take advantage of this quotation as soon as possible.

This quotation is valid for only one week.

Yours faithfully,

敬启者：

我公司特此告知贵公司，我公司可继续提供顶级功能的 HUAWEI X40 PRO 手机。如果订货量超过 1 000 部，我公司很乐意按 5% 的折扣供货。

新产品价格上涨明显，下次交货的价格当会大幅升高。我公司建议贵公司尽快接受此次报价。

本次报价一周内有效。

敬上

▲讲评

该函以过去的订货为基础，再度对同一商品进行报价，并以现实的涨价趋势为依据，建议客户接受报价，最后还告知报盘有效期为一周，给客户施加了压力。类似这样的要求客户接受报盘的函电会有比较明显的效果。

▲关注

注意“当社は、最高機能の HUAWEI X40 PRO を供給し続けることをお知らせします”与“We would like to announce that we can continue to provide HUAWEI X40 PRO of the best function”“我公司特此告知贵公司，我公司可继续提供顶级功能的 HUAWEI X40 PRO 手机”之间的对应关系和互译文本。

▲表达

ご注文量が 1,000 台を超えた場合、5% の特別ディスカウントを条件に喜んで提供させていただきます。We are pleased to offer a discount of 5% on orders of 1,000 or more phones. 如果订货量超过 1 000 部，我公司很乐意按 5% 的折扣供货。

▲相关表达

耳よりな情報をご案内申し上げます。You will be interested to hear that... 告知贵公司一个喜讯。

小売価格の上昇に伴って、次回の積荷ははるかに高くなるでしょう。With the increase of the retail price, the next consignment will be much dearer。随着零售价格上涨，下次交货的价格当会大幅升高。

本品には強い需要があり、ただちにご注文なさるようお勧めいたします。This article is in strong demand and we would advise you to place an order at once. 本品需求强劲，建议贵公司立即订货。

最近賃上げで価格が上昇し注文が殺到しています。The recent wage hike has pushed up the prices and orders are pouring in. 最近，工资上涨推高了价格，订货蜂拥而来。

十、确认交易

拝啓　4月　2　9日の貴引合い有難うございました。

本日当社がメールを送りましたが、ここで改めてご確認します。その中で、当社は添付の詳しいオファーに従って、在庫から貴必要品の一部を引き渡せることをお知らせしました。

残り分については、この引渡しで承諾できるというご確認を受け取った日付から少なくとも3週間が必要です。

価格：東京港　運賃・保険料込み　単価300米ドル　100台
　　　東京港　運賃・保険料込み　合計30,000米ドル

船積み：5月中（半数　50台）
　　　　6月中（半数　50台）

包装：輸出用木箱

支払：取り消し不能信用状に基づく一覧払の為替手形

貴顧客におきましても、当社の条件と納期が承諾できるものであるとご理解いただけるものと存じます。本件につきましては、当社は御期待にそえますよう全面的な協力をお約束いたします。　敬具

Dear Sirs,

Thank you for your inquiry of April 29.

We hereby confirm that we sent an E-mail to you today, in which we informed you that we could deliver part of the goods you required from the stock according to the enclosed detailed offer.

As for the rest, it will take at least 3 weeks from the date of receiving your confirmation that the following delivery arrangements are acceptable.

Price: @US$300 CIF Tokyo　100 units　US$30,000 CIF Tokyo

Shipment: During May (half 50 units)

During June (half 50 units)

<table>
<tr><td>
Paking: Wooden cases for export
Payment: Draft at sight under irrevocable L/C
We hope that your customers will also find our terms and delivery dates acceptable. We promise that we will fully cooperate and live up to your expectations.
Yours faithfully,
</td></tr>
<tr><td>
敬启者：
贵公司4月29日询价函悉，非常感谢！
我公司今天已发电邮给贵公司，特在此确认。该电邮告知贵公司，我公司可根据随电邮发去的详细报盘从库存中交付贵公司所需的部分货物。
关于剩余部分，自收到贵公司同意下列交货安排的确认之日起至少需要3周才能交货。
价格：CIF 东京　单价300美元　100台
CIF 东京　总价30,000美元
交货：5月之内（一半　50台）
6月之内（一半　50台）
包装：出口用木箱
支付：不可撤销信用证项下的即期汇票
我公司认为，贵公司客户亦会认为我公司的条件和交货期是可以接受的。我公司承诺全面配合本次交易，不辜负贵公司的期待。
敬上
</td></tr>
</table>

▲讲评

该函是一封确认价格、交货时间、包装和支付条件的函电。这种确认函在贸易函电中非常重要，也是最基本的。如果双方没有确认好交易条件便贸然发货或支付，很可能会造成后续的麻烦。

▲关注

注意“貴顧客におきましても、当社の条件と納期が承諾できるものであるとご理解いただけるものと存じます。本件につきましては、当社は御期待にそえますよう全面的な協力をお約束いたします”“We hope that your customers will also find our terms and delivery dates acceptable. We promise that we will fully cooperate and live up to your expectations”“我公司认为，贵公司客户亦会认为我公司的条件和交货期是可以接受的。我公司承诺全面配合本次交易，不辜负贵公司的期待”之间的对应关系和互译文本。

▲表达

…日付から少なくとも3週間が必要です。It will take at least 3 weeks from the date of... 自……之日起至少需要3周。

▲相关表达

8月16日の貴書を謹んでご確認いたします。We acknowledge with thanks the receipt of your letter of Aug. 16. / We thank you for your letter of Aug. 16. / We are pleased to acknowledge your letter of Aug. 16. 我公司谨此确认收到贵公司8月16日的来函。

このオファーは9月13日までに貴社のメールによる承諾をいただければ有効です。This offer is effective if you have accepted it by E-mail before Sep. 13. 本报价如蒙贵公司于9月13日前以电子邮件形式予以接受，则为有效。

このオファーは8月31日までに受託されなければ取り下げます。This offer is to be withdrawn if not accepted by Aug. 31. 如本报价8月31日前未被接受，我方将予以撤回。

第三章　合同生效后

只要接盘方接受了发盘方发来的报盘、还盘或反还盘，交易关系即告形成，合同即告成立。无论是什么形式的合同，一旦生效，买卖双方均将受到合同的约束，进入执行合同的阶段。

合同执行阶段一般包括买方支付、卖方交货（包装、出口储存、运输保险、装船、出口商检、出口通关、出口运输等）、买方接货（进口储存、进口商检、进口通关、内陆运输）等主要环节。

支付和交货是国际贸易的核心环节。之所以说支付和交货重要，一是因为国际贸易主要基于货币—货物交换的基本原则，缺少了货币、货物中的任何一项，交易便不能成立；二是因为卖方交易的目的是用自己的货物换取货款，获得利润，如收不到货款，便无法达到卖方的目的，而买方的目的则是要用自己的货币换取货物，以满足实际使用需求，如收不到货物，买方的目的也就无从实现。

包装，是卖方根据产品性质和需要，依据国际规范（出口包装惯例）对货物进行包裹、予以保护的具体措施及采取措施的结果。

运输，是货物移动的手段，由买方或卖方根据合同规定，通过海运公司、航空公司、陆运公司等运输方安排，费用亦根据合同由买方或卖方承担。

保险是买方和卖方根据惯例和合同将运输风险转嫁给第三方（保险公司）的一种措施，是买卖双方利益的保护伞，意义重大，是国际贸易中不可或缺的一环。合同中规定的保险通常是指运输环节的保险。

接货，通常是买方的工作，一般包括买方国家的商检、通关、提货、内运、验收等。当然，在国际贸易惯例中也有卖方负责买方国家的商检、通关、提货、内运的贸易条件，如完税后交货价（指定目的地）（Delivered Duty Paid, DDP），只是在贸易实务中并不常用。

本章主要讲解支付和交货环节的相关函电。

第一节　支付

支付，是买方把货款支付给卖方的行为。对于小宗商品，如果不是经常交易，一般使用现金支付，日常生活中最常见的有“订货时支付”（Cash with Order, CWO），比如在外国的商场购物等。金额较大时，为避免携带现金的麻烦，可以把现金存到银行，办理信用卡（Credit Card）、银行支票（Bank Cheque）等用于支付。

为了向外国商家付款，有时需要把人民币兑换成美元、欧元、日元等外国货币。使用外汇需要留意汇率风险。可以把人民币兑换成外币，在银行开出外币的汇票，这种方法比较方便。如果不想使用外币汇票，也可以采用所谓外币邮汇（Postal Money Order）的办法，通过邮局向国外汇款。不过，这种支付方式速度慢，跟不上外汇行情的变化，不太方便。

为了公平、高效地进行交易，克服支付时遇到的各种困难，人们开发出了若干种其他形式的支付方法。

邮汇（Mail Transfer, M/T），即买方向当地银行支付本国货币，银行开具付款委托书并邮寄给国外分行或代理行，由其向卖方的账户汇款。也可以采用电汇（Telegraphic Transfer, T/T），用电报的方式汇款，速度较邮汇更快。这两种方式的支付和交货不同步，存在付了款却收不到货，或交了货却收不到款的风险，操作时买卖双方应协商好保障措施。

国际贸易的一般原则是：买方要么付款，要么承诺付款，否则提不到货或卖方不交货；另一方面，卖方要么把货送至买方仓库，要么送交承运人，否则拿不到款或买方不付款。这实际上是国际贸易中买卖双方之间的相互制约机制。为方便交易，人们想出了一种由承运人和银行居间，把交货和支付联系起来的交易方法，即把货物的运输交给海运公司或航空公司等承运人负责，而把支付交给银行负责。

国际贸易中使用的银行汇票通常都是外币汇票，金额和币种与合同一致。对卖方而言，这样可以有效地避免汇率风险。而对买方而言，可以在开出外汇汇票前采取金融措施，部分甚至很大程度上规避汇率风险。

银行汇票有两种基本形式：见票即付的即期汇票（Draft at Sight, A/

D), 以及见票后若干时间再付款的远期汇票(Draft after Sight, D/S), 如见票后 30 日付款的远期汇票(Draft at 30 Days after Sight, at 30d/s)等。

银行汇票的支付有两种基本形式。一种是付款交单(Documents against Payment, D/P), 卖方在交付货物后，到银行开具汇票时，必须将代表物权的提单和提货用的各种单证完整地提交给银行，以便买方在付款的同时能够得到这些单据，保证提到货物。这样做对买卖双方风险都小。这种方式下通常使用即期汇票。

还有一种是承兑交单(Documents against Acceptance, D/A), 即买方承诺付款后，卖方便把各种单据提交给买方。这种方式对买方有利，而卖方需要承担已经将货物交给了买方却可能收不到货款的风险。这种方式下通常使用远期汇票。

用银行汇票支付还可以采用以银行信誉担保支付的方式，即由银行开具信用证(Letter of Credit, L/C), 把汇票作为信用证项下的议付单据之一申请支付。由于以银行信誉担保付款的方式对卖方而言风险很小，买方一般会要求在支付的同时取得代表货物物权的提单和提货用的各种单证。这时可以采用跟单信用证(Documentary L/C)的方式，这种信用证规定，卖方以银行汇票议付时必须同时提交提单、提货凭证等单据。

一、开证通知

劉昱辰（りゅういくしん）様（さま）

当社（とうしゃ）の注文（ちゅうもん）JT-2021006について、8月8日付販売契約（はちがつようかづけはんばいけいやく）CJ-2021006を送（おく）っていただき、感謝（かんしゃ）いたします。

US$1,000,000.00注文分（ちゅうもんぶん）の一覧払条件（いちらんばらいじょうけん）の信用状（しんようじょう）を、桜銀行本店（さくらぎんこうほんてん）にて本日開設（ほんじつかいせつ）いたしました。

早急（さっきゅう）な船積（ふなづみ）をお願（ねが）いいたします。　敬具（けいぐ）

<table>
<tr><td>Dear Mr. Liu Yuchen,

Thank you for your Sales Contract No. CJ-2021006 of August 8 confirming our order JT-2021006.
We opened an L/C at sight for US$1,000,000.00 at Sakura Bank, Head Office today.
We look forward to your early shipment.
Yours Sincerely,</td></tr>
<tr><td>刘昱辰先生：

贵公司于8月8日寄来关于我公司第JT-2021006号订单的第CJ-2021006号合同，非常感谢！
我公司今天在樱花银行总行开具了订货金额100万美元的即期信用证。
恳请贵公司早日交货为盼！
敬上</td></tr>
</table>

▲讲评

履行支付方式为信用证支付的合同，第一步往往是买方开具信用证，因为合同通常会把买方开证规定为卖方执行合同的前提条件。因此，买方应根据合同规定，及时与开证行沟通，认真起草并与卖方共同确认信用证条款，履行开证手续。如果信用证有与合同约定不一致的地方，可与卖方商量一致后书面委托银行改证。开证、改证后应尽快通知卖方，以便卖方放心地履行合同。这对双方均有好处。

通知完成开证的函电一般需要包括合同、订单或销售单的编号，信用证种类，开证金额，规定交期等基本信息。如果允许，最好再写上信用证号、开证行、开证日期等具体信息，以便卖方查询。还应该提醒对方尽快确认信用证、开始履行合同。

▲关注

注意“US$1,000,000.00注文分の一覧払条件の信用状を、桜銀行本店にて本日開設いたしました”“We opened an L/C at sight for US$1,000,000.00 at Sakura Bank, Head Office today”“我公司今天在樱花银

行总行开具了订货金额100万美元的即期信用证”之间的对应关系和互译文本。

▲相关表达

本日取引銀行に、有効期限9月13日まで、額面10万米ドルの取消不能信用状を、貴社を受取人として開設するよう指図しました。Today, we have instructed our bank to open an irrevocable letter of credit in your favour, for US$100,000.00, valid till Sep. 13. 我公司已于今天指示交易银行，以贵公司为受益人开立面额10万美元、有效期至9月13日的不可撤销信用证。

船積を保証するため、取消不能信用状を電報で開設しました。To ensure shipment, we have opened an irrevocable L/C by cable. 为保证交货，我方已电开不可撤销信用证。

二、通知收到信用证

拝啓(はいけい)　契約番号(けいやくばんごう) CJ-2021010の信用状(しんようじょう)と船積指図書(ふなづみさしずしょ)をいただき、有難(ありがと)うございます。

御注文(ごちゅうもん)の商品(しょうひん)は船積(ふなづ)み準備中(じゅんびちゅう)でございます。船積(ふなづ)み完了次第(かんりょうしだい)、メールでご連絡(れんらく)し、船積書類(ふなづみしょるい)をお送(おく)りします。

当契約(とうけいやく)の履行(りこう)には最善(さいぜん)の注意(ちゅうい)を払(はら)いますので、御安心(ごあんしん)ください。

敬具(けいぐ)

Dear Sirs,

Thank you very much for your L/C and shipping instructions under the Contract No. CJ-2021010.

The goods which you have ordered are being prepared for shipment. We will advise you by E-mail and send you the shipping documents as soon as the shipment is completed.

Please be assured that we will give our most careful attention to the execution of the contract.

Yours faithfully,

> 敬启者：
>
> 第 CJ-2021010 号合同项下的信用证和装船指令收悉，甚谢！
>
> 贵公司所订货物正在准备装船。一俟装船结束，我公司将用电子邮件联系贵公司，并寄送装船文件。
>
> 我公司将尽全力执行本合同，谨请放心！
>
> 敬上

▲讲评

按照贸易习惯，开证是买方执行合同的行为，是卖方实施交货的前提。卖方在收到开证银行的信用证以及买方发来的装船指令后，应发函告知买方已经收到的事实并通报备货情况及交货进度，表示履约决心，这有利于买方及时了解合同执行进度，建立良好的互信关系。

▲关注

注意"御注文の商品は船積み準備中でございます""The goods which you have ordered are being prepared for shipment""贵公司所订商品正在准备装船"之间的对应关系和互译文本。

▲表达

契約番号 CJ-2021010 の信用状と船積指図書；L/C and shipping instructions under the Contract No. CJ-2021010；第 CJ-2021010 号合同项下的信用证和装船指令

…に最善の注意を払います；give our most careful attention to...；对……投入最大的关注 / 尽全力……

▲相关表达

貴注文202号に対する信用状をいただきました。We have received the letter of credit under your Order No. 202. 贵公司第202号订单的信用证已经收悉。

取り決め通り、10万米ドルの信用状を開いてください。Please open an L/C for US$100,000.00 as agreed. 请按约定开具10万美元的信用证。

三、要求改证

拝啓　信用状訂正の件についてご説明いたします。

受け取った信用状の支払は一覧後１２０日払でございますが、それを一覧払に訂正してください。

これは御社も賛成し、貴注文書の中でも明記されておりますので、そのように支払条件を御訂正願います。

そして、品物は今月の20日までに船積みされますので、直ちに信用状を御訂正いただければ有難く存じます。　敬具

Dear Sirs,

We have to explain the matter of L/C amendment.

According to the L/C we received, the payment is to be made at 120 d/s. Please amend it to be made at sight.

This was agreed by you and expressly recorded in your order sheet. Please amend the L/C accordingly.

The goods will be shipped by the 20th of this month. We should be obliged for your immediate amendment of the L/C.

Yours faithfully,

敬启者：

我公司愿就修改信用证事宜说明如下。

我公司收到的信用证规定支付为见票后120天。请贵公司将此修改为见票即付。

此点已蒙贵公司同意，贵公司订单上也有明确记载。请贵公司照此修改信用证。

货物将于本月20日前装船。谨请贵公司立即改证为盼。

敬上

▲讲评

从本函可以看出：一、买方开证前并未与卖方充分沟通，擅自开出了与合同不一致且卖方不接受的信用证，导致卖方发函要求买方改证；二、在开证一事上买方已经实质性违约，单方面将支付条件改为见票后120天付款，不仅会给卖方带来三个月的利息和资金占用等损失，也会给卖方

安排交期带来困扰。在国际贸易实务中，此类情况并不多见。如果买方有资金等方面的困难，应该在开证前征得卖方同意，否则由此引起的交货延误等，须由买方承担责任。

▲关注

注意"それを一覧払に訂正してください""Please amend it to be made at sight""请贵公司将此修改为见票即付"之间的对应关系和互译文本。

注意"直ちに信用状を御訂正いただければ有難く存じます""We should be obliged for your immediate amendment of the L/C""谨请贵公司立即改证为盼"之间的对应关系和互译文本。

▲表达

支払は一覧後120日払でございます。The payment is to be made at 120 d/s. 支付为见票后120天。

▲相关表达

そこで注文書にうたわれているよう、信用状を御訂正ください。Therefore please amend the L/C according to the stipulation in your order sheet. 所以，请贵公司按照订单所载内容修改信用证。

信用状の金額は500米ドル不足ですので、直ちにこの金額を修正するようお願いします。The credit is short by US$500.00 in amount and we have to ask you to amend the amount immediately. 信用证金额差500美元，请立即修改信用证金额为盼。

この間違いのため御迷惑をおかけして申し訳ありません。信用状を早速訂正し、差額を送ります。We apologize for the inconvenience caused by this error. We will correct it and remit the difference at once. 此差错给贵公司带来麻烦，非常抱歉！我公司将立即改证，并汇去差额。

四、要求延长交货期和信用证有效期

史竹韵（しちくいん）　様（さま）

御注文（ごちゅうもん）について、L/C を発行（はっこう）していただき、ありがとうございます。

台風（たいふう）のため、契約（けいやく）した船積期日（ふなづみきじつ）までに船積（ふなづ）みができそうにありません。ここで改（あらた）めて船積期日（ふなづみきじつ）とL/C有効期限（ゆうこうきげん）をそれぞれ３０日延長（さんじゅうにちえんちょう）していただけるようお願（ねが）いいたします。

大変申（たいへんもう）し訳（わけ）ございませんが、この変更依頼（へんこういらい）をぜひともお受（う）けくださいますようお願（ねが）いいたします。

敬具（けいぐ）

Dear Ms. Shi Zhuyun,

Thank you very much for opening the L/C for your order.

Because of a typhoon, we will be unable to ship your order by the contracted date. We have to ask you for a 30-day extension of the delivery period and the validity of the L/C respectively.

We are very sorry, but please accept our request above.

Sincerely,

尊敬的史竹韵女士：

非常感谢贵公司为订货开具了信用证！

受台风的影响，我公司无法在合同规定的日期内交货。谨请贵公司将交货期和信用证有效期分别延长30天。

对此我公司深表歉意！谨请接受此次修改请求。

敬上

▲讲评

卖方收到了信用证，却在履行交货义务时遇到不可抗力，无法按时交货。此时一定要在第一时间告知买方，还应请第三方相关机构出具官方证明并寄送给买方，以取得买方的信任。卖方可以主动提出解决方案，因为卖方最了解自己的处境，通常能够拿出较为适当的解决方案。当然，卖方也可以在告知买方实情的同时与买方商量，共同解决问题。第三方官方证明有利于使买方接受卖方的解决方案或愿与卖方协商解决问题。

由于不可抗力而无法履行合同时，买卖双方均不承担违约责任，双方均有可能遭受损失。处理不可抗力的原则是迅速、高效，把风险和可能的损失降到最低。

▲关注

注意"台風のため、契約した船積期日までに船積みができそうにありません""Because of a typhoon, we will be unable to ship your order by the contracted date""受台风的影响，我公司无法在合同规定的日期内交货"之间的对应关系和互译文本。

注意"船積期日とL/C有効期限をそれぞれ30日延長していただけるようお願いいたします""We have to ask you for a 30-day extension of the delivery period and the validity of the L/C respectively""谨请贵公司将交货期和信用证有效期分别延长30天"之间的对应关系和互译文本。

▲相关表达

この信用状の有効期限と船積期限をそれぞれ9月15日と8月末まで延長してください。We would ask you to extend the validity of the credit and the delivery period to September 15 and the end of August respectively. 请将信用证有效期和交货期分别修改到9月15日和8月底。

納期を9月1日に延ばすか、積み替えできるよう信用状の修正をお願いします。We request you to amend the letter of credit either to extend the delivery period to September 1, or to allow transshipment. 我公司请求贵公司修改信用证，将交货期推迟至9月1日，或者允许转运货物。

この状況をご理解いただき、信用状を4月30日まで延長するようお願いします。We shall be obliged if you understand the circumstances and agree to our request for the extension of the L/C to Apr. 30. 谨请理解这一情况，同意我公司把信用证有效期延长至4月30日的请求。

上記信用状に関する訂正をメールを通してご通知しました。We have informed you of the amendment of the L/C by E-mail. 我公司已用邮件通知了贵公司改证情况。

五、催促付款

拝啓　貴注文234号への支払が、インボイスの日付けから一ヶ月経過していることを御確認ください。

8月15日にお送りした貴注文品は8月16日にインボイスを発行し、支払は9月16日に期限が来ることになっております。

しかし、貴決済は期限が一ヶ月を過ぎています。当社は一週間以内に貴送金を受け取りたく存じます。

当社では一ヶ月以内に支払われることを条件に特別割引で商品を提供してきましたので、インボイス金額を全額支払ってくださるようお願いします。

敬具

Dear Sirs,

We have to ask you to confirm that the payment for your order No. 234 is one month overdue from the date of invoice.

The ordered goods sent to you on August 15 was invoiced on August 16 and payment was due on September 16.

However, your payment is one month overdue. We look forward to receiving your remittance within a week.

As we have been supplying the goods at a special discount conditional on payment within a month, please pay the invoice amount immediately.

Yours faithfully,

> 敬启者：
>
> 我公司谨请贵公司确认，自开具发票之日算起，贵公司针对第234号订单的支付已逾期一个月。
>
> 贵公司所订货物于8月15日出运，8月16日出票，支付期限为9月16日。
>
> 但是，贵公司结算已逾期一个月。我公司希望一周之内收到贵公司汇款。
>
> 我公司以特别折扣供货的条件一直以来都是一个月内收到货款，请立即全额付清发票金额为盼。
>
> 敬上

▲讲评

买卖双方已经约定，买方应在卖方开具发票之日起一个月内支付货款，并且卖方在此前提下按惯例向买方提供了特别折扣。但本函反映出，此次买方已经逾期一个月仍未支付货款，以至于卖方不得不请买方确认，并催促其尽快付款。

本函为卖方所发，在内容方面只说明了卖方的情况和请买方尽快付款的愿望。如果卖方认为事态严重，也可以采取其他的写法，比如违约提醒、谴责甚至威慑，作为诉讼的前奏。当然，卖方也可以采用询问的写法，详细了解买方的处境，尽量协商处理，以保持长期、和谐的交易关系。

▲关注

注意"当社では一ヶ月以内に支払われることを条件に特別割引で商品を提供してきましたので、インボイス金額を全額支払ってくださるようお願いします""As we have been supplying the goods at a special discount conditional on payment within a month, please pay the invoice amount immediately""我公司以特别折扣供货的条件一直以来都是一个月内收到货款，请立即全额付清发票金额为盼"之间的对应关系和互译文本。

▲表达

…から一ヶ月経過している；be one month overdue from...；自……起，已逾期一个月

8月16日にインボイスを発行した；be invoiced on August 16；8月16日已开具发票/8月16日出票

9 月 16 日に期限が来る；be due on September 16；期限为 9 月 16 日 / 9 月 16 日到期

▲相关表达

この少額では信用状を開設しても無駄ですので、至急お支払をお願いできませんか。Please pay immediately since there is no point in opening an L/C for this small amount. 就此笔些小金额而言，开具信用证也是一种浪费，请立即付款为盼。

勘定を全部支払ってください。さもなければ、法的手段に訴えざるを得ません。We insist upon full payment of your account, otherwise we will have to resort to legal steps. 请付清全部账款，否则我方将不得不诉诸法律手段。

この仕切書の決済のために小切手をお送りくださいませんか。May we have your check for the settlement of this invoice? 请寄支票支付此笔结算单。

六、为付款延迟道歉

拝啓　9月１６日に期限の来た支払を決済していないことを、御連絡くださってありがとうございます。

この遅延について調べたところ、経理課が貴社への送金を見落としたことが分かりました。

インボイス金額の１０万米ドルは、本日T/Tで送金いたしましたので、すぐに届くものと存じます。

お待たせしたことは誠に申し訳なく存じますが、故意に支払を遅らせるつもりはまったくなかったことはご理解いただけるものと存じます。

敬具

Dear Sirs,

Thank you for informing us that we did not settle our payment due on September 16.

We checked the delay and found that our accounting department is to blame.

The invoice amounting to US$100,000.00 has been sent to you by T/T today. We believe it will reach you soon.

We are very sorry to have kept you waiting, and hope you can understand that we have no intention to delay our payment purposely.

Yours faithfully,

敬启者：

非常感谢贵公司关于我公司尚未结算9月16日到期款项的联络。

我公司调查了此次逾期，发现是我公司会计部遗漏了对贵公司的付款。

我公司已于今天将发票金额10万美元电汇贵公司，相信贵公司即刻可以收到。

我公司十分抱歉让贵公司久等。务请贵公司理解，我公司绝无故意拖延支付的想法。

敬上

▲讲评

在交易过程中，并非每次迟交货或迟付款都是出于故意甚至恶意。本函中买方因为疏忽而迟付款，这也许已经构成了违约的客观事实，但却没有故意或恶意的成分。

在发现问题或对方反映问题后应真诚道歉并立即调查真相，如实告知对方，迅速采取积极的补救措施，尽力把因自身过错给对方造成的损失降到最低，取得对方的谅解。这样有利于友好地解决问题，维持和谐的贸易伙伴关系。

▲相关表达

2月20日もしくはそれ以前に、全額または一部を送金するようにします。We will make every effort to send you all or part of the amount on or before Feb. 20. 我公司将尽力在2月20日当日或之前汇付全部或部分款项。

第二节　交货

交货属于卖方的工作范围，通常包括包装、出口许可、出口商检、出口通关、装船、运输、保险等环节。当然，交货必须在买方配合付款的前提下才能顺利完成。

交货最重要的环节是装船和保险。在 FOB 等贸易条件下，装船、保险属于买方的工作范围；在 CIF 等贸易条件下，装船、保险属于卖方的工作范围。下面对后者条件下的卖方装船的过程做一简单说明。

在进行装船的一系列作业之前，一定要核实合同或信用证对装船有何规定，如是否允许分批装运，是否允许转运等，最终应以信用证的规定为准。

之后，根据买方的装船指令，与指定的海运公司接洽订舱事宜，根据海运公司的船期表（shipping schedule）提交订舱申请书（application for space），预订舱位（booking ship's space），支付运费，把货物装上船，使货物安全运抵买方指定的港口。根据合同要求，有时卖方需要向买方发出船舶确认申请，把所选定船舶的相关信息告知买方，征得买方同意。

租船订舱的事情完成后，根据国际贸易惯例，还需要办理海运保险。接着，在船舶起航之前的合理时间内把货物运到码头的指定仓库。

卖方还必须开具发票，办理出口商检和出口通关等手续。

海关放行后，可以进行装船作业。装船作业完成后，卖方将获得船长或大副签发的货物收据，并在支付运费后获得船长或大副签发的提单。至此，装船阶段即告结束，下面的运输航行由海运公司完成。

一般情况下，在装船开始前和完成后，卖方应用快捷的通信手段向买方发出装船通知和装船完成通知，告知买方货物即将装船和已经装船完毕。通常，装船完成通知应写明订单号或合同号、订货日期或签约日期、商品名称、数量、质量、价格、标记、船名、海运公司名称、开航日期、到达日期、装运港、目的港等信息，有时还会附上提单的复印件、质量容积证明、装箱单、木质包装熏蒸证明、出口许可证、原产地证书、汇票赎买通知等单证。这样做，不仅有助于买方及时完成资金筹措工作，以便根据合同支付货款，还便于买方获得物权凭证和全套提货单证，预办进口商检、通关、提货、验收等手续，准备接货。

一、取消订单

拝啓　当社の注文789号では、商品は8月31日までに当地に到着することになっております。

しかし、9月になっても品物が送られたという連絡を受け取っていませんので、この注文を取り消さざるを得ません。

まことに残念ですが、当社の顧客がその日までの引き渡しを強く主張していますので、当社としては他に方法がないことをご理解いただきたく存じます。

敬具

Dear Sirs,

The delivery of our order No.789 should be made by Aug. 31.

It is already September and we still have not received any information from you that the goods have been sent, so we have no alternative but to cancel this order.

We are very sorry, but please understand that our customers insist on delivery by that date and we have no other way.

Yours faithfully,

敬启者：

我公司第789号订单货物应于8月31日之前发至我方地点。

时已九月，我公司仍未收到贵公司的已交货通知，故不得不取消这笔订单。

我公司非常遗憾，但我公司客户坚持要在此日期之前交货，别无他法，谨请理解为盼！

敬上

▲讲评

订单规定的交货日期已过，买方却未收到卖方的已交货通知。在买方客户坚持必须按时交货的情况下，买方出于无奈向卖方提出取消订单的要求。此函并非商量，而是告知决定。此函发出后，即便货物抵达买方地点，买方也可不予理睬，也无须支付货款。

但买方说话的态度非常客气，说话的方式也非常讲究。首先说明合同（订单）规定的交货期，其次说明客观情况（逾期未接已交货通知），并告知处理意见，最后解释自己的无奈，请卖方谅解。这是一份有礼有节的取消订单的函。

卖方一定要在承诺或签约后积极履行交货期条款，保证按时交货，即使不能按时交货，也应提前与买方商量，避免取消订单等严重后果。

▲关注

注意"しかし、9月になっても品物が送られたという連絡を受け取っていませんので、この注文を取り消さざるを得ません""It is already September and we still have not received any information from you that the goods have been sent, so we have no alternative but to cancel this order""时已九月，我公司仍未收到贵公司的已交货通知，故不得不取消这笔订单"之间的对应关系和互译文本。

▲表达

他に方法がない；have no other way；别无他法

▲相关表达

船積遅延のため注文を取り消さざるを得ません。Owing to your delay in shipment, we are compelled to cancel the order. 由于贵公司推迟交货，我公司不得不取消订货。

納期が近づいているので、早速信用状と船積指図を電信でお送りください。The time of shipment is approaching, and we must ask you to cable L/C and shipping instructions immediately. 交货期已经临近，请尽快电送信用证和装船指令。

今回の納品遅れの原因は、信用状と船積指図書をくださるのが遅れた貴社の側にあります。The delay in shipment is entirely due to the delay on your part in furnishing us with the L/C and the shipment instructions. 此次迟交货的原因在于贵公司延迟提交信用证和装船指令。

二、接受取消订单

拝啓　残念ながら、如何ともし難い原因によって、8月　3　1日の船積みを守れませんでした。

運送業界のストによる原材料供給の遅延は免れなかったのです。

現状では、貴社の注文取消しをご承諾せざるを得ませんが、当社の放置によって生じた遅れではないことを信じていただけると存じます。

心からお詫びをいたします一方、更なるご注文をお待ちしております。

敬具

Dear Sirs,

We are very sorry that due to uncontrollable factor, we failed to keep the shipment date of Aug. 31.

We were not spared from the delay in the supply of raw materials caused by the transport strike.

Under the circumstances, we have no alternative but to accept your cancellation of the order, but we would ask you to believe that the delay was in no way caused by any negligence on our part.

We express our sincere apologies and look forward to more orders from you.

Yours faithfully,

敬启者：

非常遗憾，由于不可控因素，我公司未能严守8月31日的交货期。

运输业罢工引发了原材料供应延误，我公司未能从中幸免。

根据现状，我公司不得不接受贵公司取消订货的要求。但我公司恳请贵公司相信，此次延误并非由于我公司的不作为。

我公司表示由衷的歉意，同时期待贵公司更多订单。

敬上

▲讲评

有时违约并非因为自身过错。此时一定要态度诚恳，认真向对方解释清楚具体原因和事情经过，取得对方的谅解，还应尽量满足对方的合理要求。如此可保不失自身信誉，并有可能维护好长期的合作关系或为将来的交易铺平道路。

千万不能因为过错不在自身而采取无所谓甚至无礼的态度。如过错的原因是不可抗力，则不必承担违约责任。但在并非由于不可抗力的情况下，如果不能取得对方的谅解，问题将会变得复杂而棘手，甚至导致赔偿或诉讼。

本函首先承认己方违约，未能严守交货期，然后解释原因，提出处理意见（接受买方取消订单的要求）并请求理解，最后诚恳地表达歉意和继续保持合作的愿望，是一封中规中矩的函电。

▲关注

注意"残念ながら、如何ともし難い原因によって、8月31日の船積みを守れませんでした""We are very sorry that due to uncontrollable factor, we failed to keep the shipment date of Aug. 31""非常遗憾，由于不可控因素，我公司未能严守8月31日的交货期"之间的对应关系和互译文本。

"運送業界のストによる原材料供給の遅延は免れなかったのです""We were not spared from the delay in the supply of raw materials caused by the transport strike""运输业罢工引发了原材料供应延误，我公司未能从中幸免"之间的对应关系和互译文本。

"当社の放置によって生じた遅れではないことを信じていただけると存じます""We would ask you to believe that the delay was in no way caused by any negligence on our part""我公司恳请贵公司相信，此次延误并非由于我公司的不作为"之间的对应关系和互译文本。

▲表达

如何ともし難い；uncontrollable/completely beyond our control；不受（我方）控制

…せざるを得ません/…以外に方法がありません；have no alternative but to...；不得不……/除……之外别无选择

▲相关表达

東北地方の地震のためメーカーの工場は半壊し、貴積荷を契約通り積み出すことは不可能だと思われますので、注文の取消に応じます。Owing to the earthquake which hit the Tohoku Region of Japan, our makers' factory has been partially destroyed, so it is impossible for us to ship your goods according to the contract. We will, therefore, comply with your cancellation of the order. 由于东北地方的地震，制造厂家的工厂部分损毁，我公司无法按照合同出运贵公司订货。我方同意贵公司取消订单的要求。

三、催促发货

黄林　様

当社はスケジュールがタイトなので、今回の注文を期日どおりに受け取らなければなりません。必要な対策をすべて講じて、本日中に発送していただくようお願いします。
今回納期が遅れると、今後の注文をどのサプライヤーに出すかという決定に影響することはご理解いただけるはずです。
よろしくお願いします。

浜崎 徹

Dear Mr. Huang Lin,

We're on a tight schedule, so we must receive this order on time. Please take whatever steps necessary to deliver our goods today.
I'm sure you understand that delay on this order will affect our decisions on which supplier to choose on future orders.
Thank you.

Toru Hamazaki

黄林先生：

因计划较紧迫，我方一定要按时收到本次订货。请采取一切必要措施于今天之内发货。
您应该知道，一旦本次交货期推迟，将会影响今后我方对供应商的选择决策。
请多多关照！

滨崎彻

▲**讲评**

本函的基本内容是：买方催促卖方交货，要求卖方想尽一切办法当天出运，一旦迟交货将影响今后买方选择供应商的决策。

我们可以从本函中总结出以下两条经验：第一，交货期在交易中十分重要，合同谈判时关于交货期的约定要慎重，不能超越卖方自身能力；第二，一旦合同生效，就要认真履行，务必准时交货。在合同执行过程中，任何事情都拖不得，尤其是发货。拖延会把小事拖成大事，把好事拖成坏事，把生意朋友拖成敌人，把盈利拖成亏损。

▲**关注**

注意“今回納期が遅れると、今後の注文をどのサプライヤーに出すかという決定に影響することはご理解いただけるはずです”“I'm sure you understand that delay on this order will affect our decisions on which supplier to choose on future orders”“您应该知道，一旦本次交货期推迟，将会影响今后我方对供应商的选择决策”之间的对应关系和互译文本。

▲**表达**

スケジュールがタイトなので…。We're on a tight schedule, so... 因计划紧迫，……

必要な対策をすべて講じて…；take whatever steps necessary to...；采取一切必要措施……

…決定に影響する；affect our decisions on...；影响我方……的决策

四、通知装船

田　様

契約番号CJ-2021008の電気器具1,000台の御注文について、8月18日に大阪港で船積みされたことをお知らせします。
それらの商品は、中国遠洋海運集団有限公司の遠星号に船積みされ、上海港には9月10日到着する予定です。
船積書類は、明日航空便でお送りします。また、関係L/C条件に従って、US$300,000.00の為替手形を振り出しました。
商品が無事に到着することを願っております。また、近い将来、更なる御注文をいただけることを期待しております。
敬具

Dear Mr. Tian,

We are pleased to inform you that 1,000 sets of electrical appliances under Contract No. CJ-2021008 was shipped out to you at Osaka Port on August 18.
They have been loaded on the M/V Yuanxing of COSCO which is scheduled to arrive at Shanghai Port on September 10.
Shipping documents will be sent to you by air tomorrow. And we have drawn a sight draft for US$300,000.00 under the relevant L/C.
We hope all the goods will reach you in good order and condition. We look forward to receiving your follow-up orders in the near future.

Sincerely,

尊敬的田先生：

我公司谨此通知贵公司，CJ-2021008号合同所订电器1 000台已于8月18日在大阪港装船。
该批货物已装上中国远洋海运集团有限公司的远星号轮，预定于9月10日抵达上海港。
装船文件将于明日通过航空件寄送贵公司。我公司已根据相关信用证开具了30万美元的汇票。

衷心希望货物安全抵达！期盼近期收到贵公司的后续订货！ 敬上

▲**讲评**

根据合同规定，卖方装船完毕后应书面通知买方。通知装船的主要作用是告知进度，以便买方确认到货情况，做好支付和提货准备，或安排投保事宜（合同规定由买方投保时）。

由于情况不同，装船通知有繁有简。信息比较全面的通知中一般包括合同名称、合同号、货物名称、船名、海运公司、装运港、装船完成时间、卸货港、预定到达时间、装货（发票）金额、单证种类及提交方式等。装船通知里有时也会提示支付方式，提醒买方及时支付。如有需要，装船通知有时还会包含标记、件数等详细信息。根据合同要求，卖方在装船前可能还需要告知备货情况，请求书面装船指令等。由于海运一般都委托海运代理公司办理，装船通知也有可能由海运代理公司在装船完成后同时向买卖双方发出。

▲**相关表达**

貴社の積荷は2月22日東京着予定の崑崙号で発送しました。We are pleased to inform you that your consignment has been dispatched by M/S Kunlun scheduled to arrive in Tokyo on Feb. 22. 贵公司的货物已由预定2月22日抵达东京的“昆仑号”出运。

ここで5月16日に送ったメールをご確認します。このメールは貴注文567号の商品が、5月15日に上海にて泰山号に船積みされたことをお知らせしました。We are pleased to confirm our E-mail of May 16 informing you that the goods of your order No. 567 have been loaded on the M/S Taishan in Shanghai on May 15. 兹确认我公司5月16日所发电子邮件。该邮件通知贵公司第567号订单的商品已于5月15日在上海装上泰山号轮船。

貨物は8月、9月、10月に営口に船積みされ、上海で積み替えられて、東京、大阪、横浜の港に輸送されます。Shipments are to be made during August, September and October from Yingkou to Tokyo, Osaka, Yokohama with transshipment at Shanghai. 货物将于8月、9月、10月在营口装船，经上海转运至东京、大阪、横滨。

第四章　索赔

国际商贸活动尤其是国际贸易活动，是跨国交易行为，过程复杂而漫长，交易双方之间难免会产生纠纷。索赔，就是产生纠纷后蒙受损失的一方根据合同和相关法律法规及惯例向违约的一方要求恢复权利或赔偿损失的行为。

根据当事人的不同，索赔通常分为三种：买卖当事人之间的贸易索赔、合同一方与承运人之间的运输索赔以及合同一方与承保人之间的保险索赔。运输索赔和保险索赔一般都由运输公司、保险公司或其代理人等专业人士和机构介入处理，本书不做详述。这里主要讲解贸易索赔。

国际法和国际惯例规定，合同任意一方违约须承担违约责任，并规定了若干救济手段，如继续履约、降价、赔偿损失等，严重违约的还须交付替代品甚至解除合同。索赔就是受害方与违约方之间关于损失和救济手段的谈判和确认。

合同项下的违约行为一般有以下几种：涉及质量和数量的，如质量不好或与约定的不符、包装不良、破损、数量不足等；涉及货物交付的，如迟交货、装船错误（分批与否、转运与否）等；涉及价格和结算的，如迟开证、迟支付、不支付等。

很多原因都可能导致违约行为的发生，为防患于未然，应在合同中加入索赔条款和违约金条款，一旦合同的一方违约，受害方可以据此挽回损失。

在国际贸易实务中，产生纠纷后双方应首先澄清违约事实，确定违约性质（如是过失还是故意，是主观原因还是不可抗力，等等）和损失，然后根据实际情况，实事求是、冷静客观地协商处理办法。

处理纠纷的方法通常有：和解，即双方通过友好协商解决纠纷；调停和斡旋，即由双方找专业人士或机构居间协调，解决纠纷；仲裁，即由双方根据合同中的仲裁条款或签订的仲裁委托合同，寻找公正的第三方仲裁机构裁决来解决纠纷；诉讼，即由受害方根据合同规定向具有管辖权的法院起诉，请求法院判决以解决纠纷。

在实务中，只要不是故意或恶意引起的纠纷，我们都主张通过友好协商来解决，因为贸易索赔就是追究对方的责任，必须考虑对未来交易关系的影响，谨慎处理。生意场上讲的是“和气生财”，不能一味感情用事，而要实事求是地确认损失的性质、内容、程度、索赔金额，商讨解决方案。

在货物买卖合同，尤其是机械设备买卖合同中，根据损失程度的不同，经过协商，双方一般会采取以下处理方法：货物损坏时进行修理或修理加补偿，修理不能解决问题时进行换货或换货加补偿；迟交货时根据合同规定的迟交货罚款条款、违约金条款等由违约方支付迟交货罚款；综合性降价；赔偿等。

索赔金额小而理由合理则比较容易解决。索赔金额较大时，有时会采用仲裁的方式解决问题。一般合同都会规定仲裁条款，没有规定的则可以由双方签订仲裁委托合同，委托仲裁机构仲裁。仲裁裁决和法庭判决一样具有约束效力，而且手续简便，费用低廉。

如果双方各执一词，无法达成一致，合同又未规定仲裁为最终解决方法，那么，双方就可以根据合同的规定向法院起诉。但是诉讼不但耗时费力，而且费用高，影响大，有时并非解决贸易纠纷的最佳选择。尤其是在仲裁裁决在先的情况下，即使诉讼到法院，法院也只是审理仲裁过程是否合法。只有在仲裁过程、仲裁员表现中存在不合法行为的情况下，法院才可能重新判决。如果仲裁过程和仲裁员表现合法，法院一般会支持仲裁裁决。

为避免和解决纠纷，最好的方法是在合同谈判时就冷静而细致地分析交易性质、标的特点和交易条件等，有针对性地制订合同条款，合理规定货物的规格、指标、性能、交货期、支付等各个方面的要求和做法，拟好合同中有关不可抗力、违约（迟交货、迟支付等）等方面的条款，确立解决纠纷的原则和方法，尽量增加通过友好协商解决纠纷的可能性，降低仲裁、诉讼的概率。

贸易保险是贯穿国际贸易全过程的风险防范救济措施。一旦出现风险，买卖双方都可以通过提前采取的保险措施得到部分或全部的损失补偿。一般情况下，不同的风险有不同的保险预防措施。总体来说，企业和第三方行为造成的风险由政府的贸易保险进行保障，运输途中的风险由保险公司的货物运输保险保障，产品本身产生的责任和风险由产品责任保险保障。限于篇幅，本章只简述运输保险中最为全面、完善和实用的海运保险。

海运保险是国际贸易海洋运输的必要保障，是买卖双方规避海洋运输途中各种风险所致损失的有效手段。通常，采用什么种类的保险、由谁办理投保手续、由谁承担保险费用等都会在订单或合同中明确规定，即使没有明确表述，也可根据惯例处理。

人们在长期的国际贸易实践中对风险进行了分类，并根据国际惯例划分了各险种的承保范围。

海上运输风险一般分为两类。一类是一般海上风险，包括雷电、洪水、地震、火山爆发、浪击落海等自然灾害和沉没、搁浅、火灾、失踪、碰撞等意外事故；另一类是附加风险，包括失窃、雨渍、污损、破损、漏损、钩损、霉损等一般附加险和战争、罢工等特殊附加险。

根据这些风险的程度和承受损失的主体，海上损失分成全损和分损两种。全损是货物形态完全灭失或功能完全丧失的损失，又分现实全损和推定全损两类。分损指被保险货物发生部分损失。分损又分共同海损和单独海损两类。共同海损是由所有利益相关方分担的、在海上遇到风险时为保证全船和大部分货物的安全而不得不付出的合理的异常牺牲和费用，如为避免搁浅而扔弃的部分货物、为救助船舶发生的费用等。单独海损则是海运途中个别货物发生的损失，如货物被火灾烧毁等。

根据国际惯例，以上风险由不同险种承保。主要惯例有关于共同海损的《约克·安特卫普规则》，关于海运货物保险的《中国保险条款》《协会货物保险条款》和新协会条款。这些惯例根据承保范围的不同把主要险种分为平安险、水渍险、一切险和附加险以及特别附加险，并规定了免责条款。各惯例的同名险种所覆盖的承保范围不尽一致。

除了上述惯例规定的各种风险和各险种所承保的风险范围之外，保险行为还涉及投保人、受益人、保险人、投保货物等方面。关于贸易条件的国际惯例《国际贸易术语解释通则2010》(Incoterms 2010)基本规定了各种不同贸易条件项下的投保人、受益人、投保手续承办人、保险费承担人等。

此外，保险还涉及两种金额。一种是保额，即一旦发生保险合同规定须由保险公司理赔的损失时保险公司所负担的最大赔偿额；另一种是保费，即投保人向保险公司缴纳的保险成本。按照习惯做法，保额通常为投保货物 CIF 价值的110%，保费则根据货物的性质、险种、运输距离、运输环境和保险有效期等有不同的收费标准，各家保险公司都有公开的保费价目表供客户参考和选择。

本章主要讲解交易双方通过友好协商来解决纠纷的相关函电。

一、通知发错货

拝啓　12月20日付の契約第2021234番の対象商品を受け取りました。商品検査を行ってみましたところ、契約と全く異なった品物であることが分かりました。

当社は正しい品物が必要なので、すぐに交換手配をいただくようお願いします。

間違った品物の一覧表を付けておりますので、これと当社の注文品とを調べてみてくだされば有難く存じます。

間違った品物については、こちらで保管しておきますが、どのような処理措置を希望されるかをお知らせください。

敬具

<table>
<tr><td>
Dear Sirs,
We have received the goods under Contract No. 2021234 of December 20. Upon inspecting the goods, we found that they were completely different articles.
As we need the correct articles, please arrange for the dispatch of the replacement at once.
We enclose a list of the wrong articles, and shall be glad if you check this with our order.
In the meantime we are keeping the wrong goods at your disposal. Please let us know what you want us to do with it.
Yours faithfully,
</td></tr>
<tr><td>
敬启者：
我公司收到贵公司发来的12月20日第2021234号合同所订商品，检验时发现货物完全不对。
我公司仍需合同货物，请贵公司立即安排换货。
兹附上错误货物一览表，请贵公司核对我公司所订货物。
我公司可暂时代为保管该批错误货物，请告知贵公司希望我公司如何处理。
敬上
</td></tr>
</table>

▲讲评

买方收到卖方发来的货物，发现到货不是自己所订之货，显然是卖方交错货物。发函人立即书面通知卖方，附上证据，并要求卖方尽快发货替换，同时表示愿意代为保管发错的货物，显示出合作姿态。

因买方无从得知卖方发错货的原因，所以一般会从货物、交货期和自身可能遭受的损失的角度与卖方交涉。如果事态并不是很严重，不宜过于严厉或直接提出索赔，要把握好尺度。

▲关注

注意“12月20日付の契約第2021234番の対象商品を受け取りました。商品検査を行ってみましたところ、契約と全く異なった品物であることが分かりました”“We have received the goods under Contract No.

2021234 of December 20. Upon inspecting the goods, we found that they were completely different articles”“我公司收到贵公司发来的12月20日第2021234号合同所订商品。检验时发现货物完全不对”之间的对应关系和互译文本。

注意“当社は正しい品物が必要なので、すぐに交換手配をいただくようお願いします”“As we need the correct articles, please arrange for the dispatch of the replacement at once”“我公司仍需合同货物，请贵公司立即安排换货”之间的对应关系和互译文本。

二、为发错货道歉

拝啓　御注文と違う品物を船積みしてしまったことをお聞きし、申し訳なく存じます。

調べてみたところ、荷造りに手落ちがあったことが分かり、直ちに正しい品物をお送りするよう手配いたしました。関係船積書類は用意でき次第お送りします。

当社がフォワーダーを貴社に取りに行かせるまで、間違った品物を保管してくだされば大変有難く存じます。

当社のミスによって御迷惑をおかけしまして、心からお詫び申し上げます。

敬具

Dear Sirs,

We are very sorry to hear that the goods delivered are not what you ordered.

After investigation, we found that a mistake was made in the packing, and we have arranged for the right goods to be dispatched to you at once. Relevant shipping documents will be sent as soon as they are ready.

We shall be much obliged if you keep the wrong goods until we call our forwarding agents to take them.

Please accept our apologies for the trouble caused to you by the error.

Yours faithfully,

敬启者：

听说所交货物并非贵公司所订之货，非常抱歉！

经调查，我公司了解到，装箱出现了错误。我公司已做安排，立即向贵公司发送正确货物。相关装船文件一俟备齐立即寄送。

在我公司安排运输公司前去提取之前，谨请贵公司代为保管错发货物，非常感谢！

因我公司过失给贵公司添了麻烦，在此表示由衷的歉意！

敬上

▲讲评

当买方通知卖方发错货时，卖方不可怠慢，一旦拖延时间，小事情就会转变为大纠纷。本函就是卖方的应对，让我们来看看本函的具体内容。

第一，确认事实，表示歉意；第二，调查原因，告知买方；第三，告知已采取的补救措施；第四，请求买方保管错交货物，等待卖方运输代理前去取走；第五，再次承认错误，诚心道歉。

交错货是一个低级错误，处理起来却相当麻烦，还存在引起重大纠纷的隐患。一旦交错货，再好的应对也只是亡羊补牢。因此卖方应尽量避免发生此类错误。

▲关注

注意"御注文と違う品物を船積みしてしまったことをお聞きし、申し訳なく存じます""We are very sorry to hear that the goods delivered are not what you ordered""听说所交货物并非贵公司所订之货，非常抱歉"之间的对应关系和互译文本。

注意"調べてみたところ、荷造りに手落ちがあったことが分かり、直ちに正しい品物をお送りするよう手配いたしました""After investigation, we found that a mistake was made in the packing, and we have arranged for the right goods to be dispatched to you at once""经调查，我公司了解到，装箱出现了错误。我公司已做安排，立即向贵公司发送正确货物"之间的对应关系和互译文本。

▲表达

…をお聞きし、申し訳なく存じます。We are very sorry to hear that... 听说……，非常抱歉。

▲相关表达

間違った商品を返却してください。調査の上、何らかの方法をとります。Please send the wrong goods back to us. We will investigate carefully and do what we should do. 请运回交错之货，我方将仔细调查并采取措施。

間違いを訂正する機会をくださいまして有難うございます。Thank you for giving us an opportunity to correct our mistake. 非常感谢贵公司给予我公司纠正错误的机会。

船積係の手落ちで間違った品物を送ってしまいました。The wrong shipment was caused by the mistake of our shipping clerk. 我公司装船人员的失误造成了发错货物。

誤ってお送りした品物は運賃着払で、御都合のよい時に御返送ください。We hope you will return the wrong goods back to us, freight collect, at your own convenience. 请在贵公司方便时将错发货物运回我方，运费到付。

すぐに交換いたします。We will replace the wrong goods by the right ones at once. 我方将立即换货。

三、通知货物破损

> 拝啓　中遠号が東京港に到着しましたが、調べたところ、5番の箱が壊れていることが分かりました。
>
> 当地にあるロイドの代理店に箱を開けて調べてもらい、東京港で品物が陸揚げされた時に破損が見つかった、という鑑定報告書が出されましたので、その写しを同封します。
>
> 保険証券を持っておられますので、保険会社とかけ合っていただければ大変有難く存じます。

一方、当社は顧客に販売するために品物が必要なので、破損した品物の代替品を送っていただけるようお願いします。

早急な御返事をお待ちしております。

敬具

Dear Sirs,

On arrival of M/S Zhongyuan at Tokyo Port, we found that case No. 5 was damaged.

We therefore had the case opened and the contents examined by Lloyd's agent here. They issued a certification on the damage found during unloading at Tokyo Port. We enclose a copy herein.

As you hold the policy, we shall be much obliged if you take the matter up with the insurance company on our behalf.

In addition, please send us the replacements for the damaged goods so that we can complete the sales to our customers.

Yours faithfully,

敬启者:

中远号到达东京港后,我公司发现5号箱破损。

我公司随即请劳埃德在本地的代理开箱检验,并出具了在东京港卸货时发现破损的鉴定报告书。随函寄去复印件。

贵公司持有保单,请为我公司与保险公司交涉相关事宜为谢!

另请发来破损货物的替代品,以便我公司完成对客户的销售。谢谢!

速复为盼!

敬上

▲讲评

从为货损定性方面看,买方从一开始便认为5号箱破损属于保险公司的理赔范围,因此采取的措施均以向保险公司索赔为前提。买方发现货损后委托著名的鉴定公司劳埃德开箱验货,在通知卖方货损情况时提供了鉴定公司出具的"在东京港卸货时发现破损"的鉴定证明。

在此基础上,买方提出了解决方案:第一,请卖方与保险公司交涉索赔事宜;第二,请卖方发送破损货物的替代商品,以便完成销售。

最后表示期待卖方迅速回应。

▲相关表达

No.1 と No.5 のケースは破損し、その中身は包装不備でひどく破損しています。Cases No. 1 and No. 5 are broken and their contents are badly damaged due to inadequate packaging. 第1号和第5号箱破损，内装货物因包装不良严重损坏。

品質不良を証明するために、ロイド鑑定人の報告書を同封いたしました。それからクレームの正当性がお分かりになると存じます。To prove the inferior quality, we have enclosed a survey report by Lloyd’s surveyor. We believe that you can readily admit the reasonableness of our claim through this report. 随函寄去劳埃德鉴定人的报告以证明质量不佳。相信贵公司可以通过这份报告理解我公司索赔的正当性。

四、通知质量不佳

拝啓　第888番注文は昨日受け取りました。その中身を貴社の同封されたリストと送り状と突き合わせましたが、積荷全体については申し分はないのですが、ウールの下着とセーターについては満足できません。

もしご同意いただけるなら、ウールの下着はリストプライスの２０％オフで販売できます。しかしセーターは販売できません。

その処分について御指示をお待ちします。　敬具

Dear Sirs,

We received the goods of our order No. 888 yesterday. We have examined the contents against lists and invoices enclosed. Although we are perfectly satisfied with the bulk of this consignment, we found the woolen underwear and sweaters unsatisfactory.

If you agree, we can sell the woolen underwear at 20% below the list price. But the sweaters are really unsaleable.

We await your instructions regarding disposal.

Yours faithfully,

敬启者：

昨日收到我公司第888号订单货物，并根据贵公司的随货清单和发票进行了验货。大部分货物无可挑剔，但羊毛内衣和毛衣并不令人满意。

如贵公司同意，我方可按低于定价20%的价格销售羊毛内衣，但毛衣无法销售。

请告知贵公司处理意见为盼。

敬上

▲讲评

验货时发现问题是常有的事情，如运输途中产品损伤，产品质量不好，装错货等。这时应立即留好证据联系卖方。本函通报的是产品质量问题，理应由卖方处理。但出于合作精神，买方向卖方提出了自己的解决方案，并征求卖方意见。

另一方面，有些买家由于到货时市场发生变化，为了挽回自己的损失，可能会鸡蛋里面挑骨头，找些细小瑕疵提起索赔，把行情下跌的风险转嫁给卖家。这种情况需要卖家加以警惕。

▲关注

注意"第888番注文は昨日受け取りました。その中身を貴社の同封されたリストと送り状と突き合わせましたが、積荷全体については申し分はないのですが、ウールの下着とセーターについては満足できません""We received the goods of our order No. 888 yesterday. We have examined the contents against lists and invoices enclosed. Although we are perfectly satisfied with the bulk of this consignment, we found the woolen underwear and sweaters unsatisfactory""昨日收到我公司第888号订单货物，并根据贵公司的随货清单和发票进行了验货。大部分货物无可挑剔，但羊毛内衣和毛衣并不令人满意"之间的对应关系和互译文本。

▲表达

…については申し分はない；be perfectly satisfied with...；……无可挑剔

▲相关表达

貴品は反対見本より品質がはるかに劣り、色も少し違います。Your goods are much inferior in quality to your counter sample and also slightly different in color. 贵公司产品的质量差于贵公司还盘样品，颜色也略有差异。

同封の鑑定書から、ご要求した基準より品質が劣ることがわかるでしょう。From the survey report enclosed, you will readily admit that the goods are inferior in quality to the standard we request. 贵公司根据随函寄去的鉴定书可知，贵公司产品品质低于我公司要求的标准。

五、为质量不佳道歉

拝啓　11月7日付の貴書は確かに拝受いたしました。不良品をお送りしたことをお詫び申し上げます。

当社は品質管理はどこにも劣らないとずっと自負してきましたが、貴社への積荷はどうやらひどいもののようです。

問題を解決するために、ご不満とされたすべての品物の代替品を船積みいたしました。

一方、ウールの下着はリストプライスの20%オフで売ってくださることに同意いたします。そして、販売のできないセーターにつき、当社の工場長に調査させるために、費用当社負担で航空便にて当社宛に2枚お送りくださるようお願いします。

改めてお詫び申し上げます。　敬具

Dear Sirs,

We acknowledge receipt of your letter of Nov. 7, and apologize for sending you the goods of inferior quality.

We have always prided ourselves that our quality control is second to none. However, this time we certainly seem to have delivered goods of poor quality to you.

To put the matter right, we have shipped replacements for all the items you are dissatisfied with.

We agree that you sell the woolen underwear at 20% below the list price, and would ask you to send us two pieces of the unsaleable sweaters by airmail at our expense for our factory manager to examine. We would offer our apologies here again. Yours faithfully,
敬启者： 我公司确认收到贵公司11月7日的函，并为发送了质量不好的货物道歉！ 我公司一向为质量管理不差于人而感到自豪，但此次却向贵公司交付了品质不好的货物。 为解决此事，我公司已另行发送新货，以替换贵公司感到不满的全部货物。 我公司同意贵公司以低于定价20%的价格销售羊毛内衣。 为便于我公司工厂厂长调查，请航空邮寄两件不能出售的毛衣至我公司，运费由我公司承担。 我公司再次向贵公司表示歉意！ 敬上

▲讲评

收到客户反馈产品质量问题的函一定要重视并迅速采取行动，这是事关信誉的大事。本应对函简洁明了，十分妥帖。

开篇首先确认收到对方函电并道歉。接着，在告诉对方本公司对产品有着很好的质量把控的同时，承认此次交货中有部分货品存在质量问题。然后说明处理方法，包括发送替换的货物、同意买方降价销售羊毛内衣的建议，并提议自付费用请买方邮寄两件问题毛衣以供调查。

所有这些都是卖方诚意的表示。作为卖方，不论是初次交易的新客户，还是经常交易的老客户，都应如此对待，不能因一时一事的小利而损害了长期的合作关系和自身的商业信誉。

▲关注

注意“不良品をお送りしたことをお詫び申し上げます”“We apologize for sending you the goods of inferior quality”“我公司为发送了质量不好的货物道歉”之间的对应关系和互译文本。

注意“当社は品質管理はどこにも劣らないとずっと自負してきま

した" "We have always prided ourselves that our quality control is second to none" "我公司一向为质量管理不差于人而感到自豪"之间的对应关系和互译文本。

注意"販売のできないセーターにつき、当社の工場長に調査させるために、費用当社負担で航空便にて当社宛に2枚お送りくださるようお願いします" "We would ask you to send us two pieces of the unsaleable sweaters by airmail at our expense for our factory manager to examine" "为便于我公司工厂厂长调查，请航空邮寄两件不能出售的毛衣至我公司，运费由我公司承担"之间的对应关系和互译文本。

▲表达

問題を解決するために；to put the matter right；为解决此事

▲相关表达

御要求に応えて20%の値引きをします。We will make a discount of 20% to meet your requirement. 我公司同意贵公司降价20%的要求。

これは不可抗力ですので、保険会社にクレームの申し入れをしてください。As this is due to the force majeure, we suggest that you lodge your claim with the insurance company. 此为不可抗力，请向保险公司索赔。

不良品は、お引き取りするのと5割引するのでは、どちらがよいかお知らせください。Please inform us which is more convenient for you, to take back the defective goods or to let you have a 50% discount. 请告知我方，收回不良品或降价50%何者为佳。

六、通知数量不足

> 拝啓(はいけい)　本日(ほんじつ)、注文(ちゅうもん)した1,200台(せんにひゃくだい)のHUAWEI X40 PROの携帯電話(けいたいでんわ)が到着(とうちゃく)しました。検査(けんさ)してみましたところ、品物(しなもの)が30台(さんじゅうだい)不足(ふそく)しています。
>
> ほんのわずかの在庫(ざいこ)しか持(も)っておりませんので、緊急(きんきゅう)にこの品物(しなもの)が必要(ひつよう)としております。

これは貴社との取引で初めて生じた手落ちです。それを補うために最善を尽くしてくださるものと存じます。

この手紙を受け取り次第、至急航空便で品物を30台お送りくださるようお願いします。

敬具

Dear Sirs,

Today, 1,200 units of HUAWEI X40 PRO mobile phones arrived. Upon inspection, the goods were found 30 units short.

We demand these items very urgently owing to low stock of products.

This is the first time that you have made a mistake in our transactions, and we hope you will do your utmost to remedy it.

We ask you, therefore, to ship 30 units of the goods by air immediately after receiving this letter.

Yours faithfully,

敬启者:

1 200部 HUAWEI X40 PRO 手机今日已到货。我方验货时发现缺少30部。

我公司仅有极少量库存,急需该货。

此次是双方交易中贵公司第一次发生错误,想必贵公司会尽最大努力弥补。

收到本函后请立即向我公司空运30部该型号手机为盼。

敬上

▲讲评

凡是开箱或检验时发现的问题,都必须有鉴定人在场见证,如有需要还应请其出具鉴定证书。收集齐各种证据后应尽快书面通知卖方,有时还须通知保险公司等相关各方,不能拖延。拖延有百害而无一利:不利于卖方及时备货弥补;有超过时效的风险,不利于保险公司及时理赔;不利于各方尽快解决问题,有可能导致损失扩大。

本函所反映的情况是卖方的疏忽造成了货物短装,需要卖方及时解决。解决办法通常是及时补货,尽量减少给买方造成的不便和损失。

▲关注

注意“ほんのわずかの在庫しか持っておりませんので、緊急にこの品物が必要としております”“We demand these items very urgently owing to low stock of products”“我公司仅有极少量库存，急需该货”之间的对应关系和互译文本。

注意“これは貴社との取引で初めて生じた手落ちです。それを補うために最善を尽くしてくださるものと存じます”“This is the first time that you have made a mistake in our transactions, and we hope you will do your utmost to remedy it”“此次是双方交易中贵公司第一次发生错误，想必贵公司会尽最大努力弥补”之间的对应关系和互译文本。

▲相关表达

数量の不足を証明するため、公認検量人の証明書を同封いたします。To prove the shortage of quantity, we enclose a certificate issued by a sworn weigher. 我公司随函寄去公证度量人出具的证书，以证明数量短缺。

七、询问迟交货原因

拝啓　3月1日にご注文した背広は、納期が4月1日となっていますものの、未だに品物を受け取っておりません。

いつ引き渡すことができるかすぐにご連絡いただいて、何か特別な困難があれば、教えてくだされば有難く存じます。

今までずっと納期を守ってこられました御社ですし、苦情を申し立てるのも初めてです。

積荷が間もなく到着するように最大限努力してくださるものに違いないと考えております。

早急なご対応をお待ちしております。

敬具

Dear Sirs, 　　We made our order for suits on March 1 and the delivery date is April 1, but we have not received the goods yet. 　　We would appreciate it if you would immediately tell us when you can ship them, and if you have met any special difficulties. 　　You have always kept the delivery date before, and this is the first time we have complained to you. 　　Therefore, we firmly believe that you will do your utmost to ensure our consignment arrives as soon as possible. 　　We look forward to your earlist response. Yours faithfully,
敬启者： 　　我公司3月1日订购了西服，交货期是4月1日。但我公司目前仍未收到货物。 　　如蒙立即告知贵公司何时可以交货及贵公司是否遇到了特殊困难，我公司将不胜感激！ 　　贵公司以前总能遵守交货期，这次是我公司第一次向贵公司投诉。 　　我公司坚信贵公司一定会尽最大努力保证我公司货物尽快到货。 　　请贵公司尽快采取措施为盼。 敬上

▲讲评

这是一对长期合作的生意伙伴，卖方履约一向良好，买方订货不断，双方关系融洽。此次卖方交货延误，买方发函投诉，并询问对方是否遇到了特殊困难。函中诚意毕显，买方对卖方仍充满信任。

▲关注

注意“いつ引き渡すことができるかすぐにご連絡いただいて、何か特別な困難があれば、教えてくだされば有難く存じます”“We would appreciate it if you would immediately tell us when you can ship them, and if you have met any special difficulties”“如蒙立即告知贵公司何时可以交货及贵公司是否遇到了特殊困难，我公司将不胜感激”之间的对应关系和互译文本。

▲表达

苦情を申し立てる；complain to...；向……投诉

…に違いないと考え（信じ）ております；firmly believe that...；坚信……

…ように最大限努力する；do one's utmost to ensure...；尽最大努力保证……

▲相关表达

この製品は工場からの到着が遅れ、船に積みそこねました。These goods arrived late from the factory and were shut out of the ship. 工厂延误了这些产品的运送，未能赶上装船。

八、为迟交货道歉

拝啓　5月5日の貴書受け取りました。御注文の背広の船積遅延に対しお詫び申し上げます。

事実として品物は今運送業者の所にあります。貴注文をきちんと進めてきたことは確かです。

本日、貴社の船積を優先して処理するよう運送会社に指示しました。5月20日に東京に到着する予定の黄河号で船積みが行われることをお知らせします。

取引増加のために、このような遅延が再び生じないことを保証できるよう組織の改良を行います。

改めてお詫び申し上げます。　　敬具

Dear Sirs,

We have received your letter of May 5. Please accept our apologies for the delay in sending the suits you ordered.

The goods are in fact in the hands of our forwarder. We assure you that we have been fulfilling your order strictly.

Today, we have instructed the forwarder to give priority to your shipment, and would like to advise you that your goods will be shipped by M/S Huanghe, which is scheduled to arrive in Tokyo on May 20.

To cope with the increasing transaction volume, we will carry out the reform of organization to ensure that such delay will not occur again. Here we apologize again for the delay of this shipment. Yours faithfully,
敬启者： 5月5日贵公司函悉。我公司对贵公司订购的西服交货延迟一事谨表歉意！ 事实上货物现正在运输公司。我公司确实严格履行了贵公司订单。 我公司今天已经指示运输公司优先处理贵公司货物的装船事宜，并在此通知贵公司：贵公司货物将装预定于5月20日抵达东京的黄河号货轮出运。 我公司将进行公司结构改革，保证不再出现这类交货延误之事，以应对不断增加的交易量。 再次表示我公司对此次交货延误的歉意！ 敬上

▲讲评

卖家收到长期客户通知交货延误的来函。函中反映的情况属于海运公司的问题，但卖方仍在函中诚恳道歉，通知买方已指示海运公司尽快安排装船，并告知到货时间和装船船只等信息。

本函原本写明上述情况即可。但卖方还在函中提到将改革公司结构，杜绝交货延误，以应对交易量的增加。这点似乎跑题，但仔细琢磨，这样的"啰唆"和"跑题"表明了卖方的态度，可以缓解买方的焦虑心情，增加买方对卖方的信任。

不论是哪个环节的问题导致迟交货，在买方看来都可能是卖方履约不力的结果，而且也只能追究卖方的责任。因此，缓解买方的焦虑，不失去买方的信任，也是出现这类问题时卖方发函的目的之一。

▲关注

注意"貴注文をきちんと進めてきたことは確かです""We assure you that we have been fulfilling your order strictly""我公司确实严格履行了贵公司订单"之间的对应关系和互译文本。

注意"本日、貴社の船積を優先して処理するよう運送会社に指示しました。5月20日に東京に到着する予定の黄河号で船積みが行われることをお知らせします” “Today, we have instructed the forwarder to give priority to your shipment, and would like to advise you that your goods will be shipped by M/S Huanghe, which is scheduled to arrive in Tokyo on May 20” “我公司今天已经指示运输公司优先处理贵公司货物的装船事宜，并通知贵公司：贵公司货物将装预定于5月20日抵达东京的黄河号货轮出运”之间的对应关系和互译文本。

▲表达

組織の改良を行う；carry out the reform of organization；进行公司结构改革

▲相关表达

需要にこたえるためにできるだけのことをする；do our best to meet the demand；为满足需求而尽心尽力

船会社の遅延による御迷惑を避けるため、今朝、運賃前払で御注文品を再度東方航空 MU808便で送りました。To avoid any inconvenience to you caused by shipping company’s delay, we have sent again your ordered goods by Eastern Airline flight No. MU808 this morning with airfreight prepaid. 为避免海运公司的延误给贵公司造成麻烦，我公司已于今晨以运费预付的方式再次将贵公司订单货物装东方航空公司 MU808号航班出运。

九、催促付款的最后通牒

堀口　殿

本メールは契約第1234番の支払に関する最後の通告です。
今週末までに支払わない場合、法的な救済手段に訴えて支払金額の回収を求めます。
深刻な結果を避けるよう、直ちに適切な対策を講じてください。
ご理解のほどよろしくお願いします。　　敬具

Dear Mr. Horiguchi, This E-mail is our final notice for payment of Contract No.1234. If your payment has not been made by the end of this week, we will resort to legal remedies to recover this payment. Please take appropriate steps immediately to avoid serious consequences. Thank you for your understanding. Sincerely,
堀口先生： 这封邮件是我公司关于第1234号合同支付的最后通牒。 如果本周末前贵公司仍未支付，我公司将诉诸法律救济手段，以求收回货款。 谨请贵公司立即采取恰当措施，以避免严重后果。 谨请理解。 敬上

▲讲评

根据本函内容可以推测，应该是卖方如约交付了合同货物，但买方虽经催促却迟迟未付款，也没有提出质量、数量、货损等方面的问题，致使卖方利益受损。多次催款无着，卖方不得不下此最后通牒，指定最终付款时间。如买方仍不付款，卖方将使用法律手段保护自身利益。

▲表达

…に関する最後の通告；final notice for...；关于……的最后通牒

法的な救済手段に訴えて…を求めます；resort to legal remedies to...；诉诸法律救济手段，以求……

▲相关表达

我々の関係がこれまで常に良好でしたが、だからと言って、この未払金をいつまでも放置するわけにはいきません。Although we have always had good relations before，we can not allow this amount to remain unpaid indefinitely. 尽管我们的关系过去一直很好，我们也不会因此任这笔未付款项拖延不付。

附录1　常用词汇表

1. 价格术语

日语	英语	汉语
工場渡し(指定引渡し地)	EXW（Ex Works）	工厂交货（指定交货地点）
運送人渡し(指定引渡し地)	FCA（Free Carrier）	货交承运人（指定交货地点）
輸送費込み(指定仕向地)	CPT（Carriage Paid to）	运费付至(指定目的地）
輸送費・保険料込み(指定仕向地)	CIP（Carriage and Insurance Paid to）	运费、保险费付至（指定目的地）
ターミナル持込渡し(仕向港または仕向地のターミナル)	DAT（Delivered at Terminal）	目的地或目的港的集散站交货(运输终端交货）（指定目的地或目的港）
仕向地持込渡し(指定仕向地)	DAP（Delivered at Place）	所在地交货（指定目的地）
仕向地持込渡し・関税込み(指定仕向地)	DDP（Delivered Duty Paid）	完税后交货（指定目的地）
船側渡し(指定船積港)	FAS（Free Alongside Ship）	装运港船边交货（指定装运港）
本船渡し(指定船積港)	FOB（Free on Board）	装运港船上交货（指定装运港）

（续表）

日语	英语	汉语
うんちん こ 運賃込み してい し むけこう (指定仕向港)	CFR（Cost and Freight）	成本加运费（指定目的港）
うんちん ほけんりょう こ 運賃・保険料込み してい し むけこう (指定仕向港)	CIF（Cost, Insurance and Freight）	成本加运费、保险费（指定目的港）

2. 信用证

日语	英语	汉语
しんようじょう 信用状	Letter of Credit （L/C）	信用证
とりけし か のうしんようじょう 取消可能信用状	Revocable L/C	可撤销信用证
とりけし ふ のうしんようじょう 取消不能信用状	Irrevocable L/C	不可撤销信用证
かくにんしんようじょう 確認信用状	Confirmed L/C	保兑信用证
む かくにんしんようじょう 無確認信用状	Unconfirmed L/C	不保兑信用证
いちらんばらいしんようじょう 一覧払信用状	L/C at Sight	即期信用证
しんようじょう ユーザンス信用状	Usance L/C	远期信用证
じょう と か のうしんようじょう 譲渡可能信用状	Transferable L/C	可转让信用证
じょう と ふ のうしんようじょう 譲渡不能信用状	Non-transferable L/C	不可转让信用证
かいてんしんようじょう 回転信用状	Revolving L/C	循环信用证
どう じ かいせつしんようじょう 同時開設信用状	Reciprocal L/C	对开信用证

3. 提单

日语	英语	汉语
ふな に しょうけん 船荷証券	Bill of Lading （B/L）	提单
ふなづみふな に しょうけん 船積船荷証券	Shipped B/L	已装船提单
うけとりふな に しょうけん 受取船荷証券	Received B/L	备运提单，收货待运提单
む こ しょうふな に しょうけん 無故障船荷証券	Clean B/L	清洁提单
こ しょうつきふな に しょうけん 故障付船荷証券	Foul B/L	不清洁提单

（续表）

日语	英语	汉语
記名式船荷証券（きめいしきふなにしょうけん）	Straight B/L	记名提单
指図式船荷証券（さしずしきふなにしょうけん）	Order B/L	指示提单
無記名式船荷証券（むきめいしきふなにしょうけん）	Open B/L, Blank B/L	不记名提单
直航船荷証券（ちょっこうふなにしょうけん）	Direct B/L	直达提单
積替船荷証券（つみかえふなにしょうけん）	Transshipment B/L	转运提单，转船提单
通し船荷証券（とおしふなにしょうけん）	Through B/L	联运提单，全程提单
流通可能船荷証券（りゅうつうかのうふなにしょうけん）	Negotiable B/L	可转让提单
流通不能船荷証券（りゅうつうふのうふなにしょうけん）	Non-negotiable B/L	不可转让提单
複合運送船荷証券（ふくごううんそうふなにしょうけん）	Multimodal Transport B/L	多式联运提单
遅延船荷証券（ちえんふなにしょうけん）	Stale B/L	过期提单
略式船荷証券（りゃくしきふなにしょうけん）	Short Form B/L	简式提单
ロングフォーム船荷証券（ふなにしょうけん）	Long Form B/L	全式提单

附录2　参考书目

[1] クディラ アンド・アソシエイト.最新ビジネス英文Eメール辞典[M].東京：朝日出版社，2017.

[2] デイビッド・セイン.そのまま使える基本のビジネス英語・書く[M].東京：ジャパンタイムズ，2017.

[3] 木村雅晴，高橋則雄.図解入門ビジネス貿易英語の実用文例がよ～くわかる本[M].東京：秀和システム，2015.

[4] Z会編集部.英文ビジネスEメール実例・表現1200：改定版[M].三島：Z会，2015.

[5] 竹村和浩.世界で戦う：伝わる英文ビジネスEメール[M].東京：明日香出版社，2015.

[6] シャーリー・テイラー.英文ビジネスライティング大全 レター、Eメール、見積書、督促状から履歴書まで[M].細井京子，訳.東京：桐原書院，2014.

[7] 内藤由美子.ネイティブに誤解なく、きちんと伝わる英文メールの基本[M].東京：日本実業出版社，2013.

[8] 木内裕也，阿野幸一，井上久美.はじめてでも、すらすら書ける！英文レターの書き方とマナー[M].東京：高橋書店，2013.

[9] 大島さくら子.的確に伝わる英文ビジネスEメール例文集[M].東京：ベレ出版，2012.

[10] ペク・ソンヨプ.5分で書く！ 英文ビジネスeメールパターン辞典[M].東京：アスク，2012.

[11] 東郷実.ビジネス文書文例事典：そのまま使えて応用自在の実践パターン631[M].東京：梧桐書院，1991.

[12] 藤田栄一.貿易英語300文例：和英対訳式 便利で使いやすいコ

レポン事 [M]. 東京：日本実業出版社，1980.

[13] 前川智 . 最新日语实用生活、商务书信大全 [M]. 陈彪，译 . 上海：华东理工大学出版社，2016.

[14] 安田贺计 . 商务日语文书 [M]. 王海燕，孙静霞，黄博，译 . 上海：学林出版社，2006.

[15] 吴宝康 . 国际商贸英语文函写作 [M]. 上海：华东理工大学出版社，1998.

[16] 东乡实 . 商务信函实例事典 [M]. 滑本忠，孙为，冯厚生，译 . 天津：天津大学出版社，1995.

[17] 程润民，程杰 . 国际贸易交际技巧 [M]. 上海：上海外语教育出版社，1993.

[18] 王萍，王洪建 . 英汉对照外贸应用文大全 [M]. 北京：现代出版社，1991.

[19] 陆墨珠 . 英语外贸应用文 [M]. 北京：对外贸易教育出版社，1988.

[20] 庄学艺，周耀宗 . 外贸业务与函电 [M]. 上海：上海外语教育出版社，1988.

编 后 语

《国际商贸函电的写作与翻译(汉英日)》是“学校与企业、课堂与岗位、教学与技能相结合”指导思想的产物。

本书的编写目的，是让读者通过阅读学习本书，掌握写作和翻译国际商贸函电的基本技能。

本书由上编“国际商贸函电概论”和下编“国际商贸函电实例”构成。

上编讲解了国际商贸函电的功能、种类、构件、格式，函电的跨语种转换(翻译)，正文的写作要领和原则等，列举了正文相关构件的句例。

在下编中，编著者将函电范文分为交际与礼仪、合同生效前、合同生效后和索赔四类。汇编了一些函电正文的写作和翻译实例，并通过讲评、关注、表达、相关表达等四个板块对范文进行讲解。

“讲评”是编著者根据自身的业务经验做出的提示，内容包括但不限于写作方法、贸易知识、工作实务中所需的智慧点滴；“关注”是把范文中有一定理解和翻译难度的句子或段落提示出来，以引起读者的注意；“表达”中总结了范文中值得关注的语言表达方式；“相关表达”中给出了和范文叙述内容相关的其他表达。

除了丰富的范文，编著者还在附录中列出了一些国际商贸函电中常用的词语和参考书目，供本书读者自学或拓展之用。

本书由上海杉达学院日语系教授田建国和江苏联金经贸发展有限公司副总经理田建华编著，由田建国担任主笔。巴玺维教授、孙静霞副教授和吴冬青、赵珊珊、王丽娜等诸位老师以及有关企业的屠刚经理等大力支持了本书的编写工作，使本书成为一项名副其实的校企合作成果。

自2017年3月开始，经过半年的努力，本书初稿出炉，随即发给学校相关老师征求意见。本书于2017—2018、2018—2019、2019—2020三个学年，在翻译专业(日语方向)共5个班级进行了各一个学期(三年级上学期）的试用，听取了同学们的意见。与此同时，本书也在企业中征求了相关岗位员工的意见。编著者根据这些反馈意见，对全书进行了大幅修改。在交付出版社前，又进行了统稿和定稿工作。

本书是我们工作的阶段性成果。请各位读者不吝提出宝贵意见，以使本书能够不断得到改进。

国际商贸函电的写作与翻译有着很强的实践性和技能性，在实务中所遇到的情况也千变万化。本书只是为读者提供了一个入门的方向，提供了一些范文和例句，并不能包罗万象，更不是万能药方，因此并非学好、记好了本书的部分或全部内容就能在实际操作中无敌于天下。在实践中学习才是掌握国际商贸函电写作和翻译技能的要诀。读者需要在今后的实践中结合实际的工作内容，根据在本书中学到的知识框架，积累更多有助于工作的知识和经验。

最后，我们要感谢上海杉达学院的各级领导及日语系的全体老师和学生，感谢学校教务处批准本书作为学校教材项目立项，并予以大力支持；感谢江苏联金经贸发展有限公司的领导和员工对本书编写的热情关怀和大力支持。我们还要感谢所有关心、支持本书编写和出版的热心人士；感谢本书的读者以及以本书为教材的学校和师生、公司和员工，你们的使用将赋予本书实用的价值和鲜活的生命。

田建国

2020 年 8 月 16 日

于沪上稚豚舍